AF200119

Ich hoffe die Leser/innen werden genauso viel Freude an diesem Buch haben, wie ich bei der Durchführung unseres gemeinsamen Projektes.

Vielen Dank für dein Vertrauen, Salva.

Tatiana Moyse

Bibliografische Information der Deutschen Nationalbibliothek:
Die Deutsche Nationalbibliothek verzeichnet diese Publikation
in der Deutschen Nationalbibliografie; detaillierte bibliografische
Daten sind im Internet über http://dnb.dnb.de abrufbar.

ISBN: 9783750487321

Dieses Buch basiert auf wahren Begebenheiten. Es erzählt die schmerzliche Trennung von meinen Kindern und dem daraus resultierendem Willen und Wunsch, die Aufmerksamkeit meiner Kinder zu erhalten, indem ich einige Wege gegangen bin, um von Ihnen wahrgenommen zu werden. Auf diesem Weg, der steinig und hart war, ereigneten sich einige lustige, skurrile und auch schockierende Momente, die ich zu bewältigen hatte. Aus Schutz ihrer Privatsphäre wurden die Namen meiner Kinder verändert.

Mein einziges Match

Hallo liebe Leserinnen und Leser, bevor ich Sie mitnehme,auf eine Reise durch mein Leben, möchte ich mich Ihnen vorstellen und Ihnen kurz erläutern, warum es zu diesem Buch gekommen ist.

Ich heiße Salvatore Cofone, bin 39 Jahre alt, geschieden und Vater von drei wundervollen Kindern. Meinen beiden Söhnen Noah und Ben, sowie meiner Tochter Desiree.

Es war der 4. März 2014, der Tag, der mein gesamtes Leben auf den Kopf stellen sollte. Danach war nichts mehr, wie es einmal gewesen war. Es war der Moment, in dem mich meine Frau verlies und mich der gemeinsamen Wohnung verwies. An diesem Tag, begann er, der Kampf den ich bis heute ausfechte. Ich will meine Kinder wieder sehen. Bis heute habe ich meine beiden Söhne nicht mehr gesehen, habe sie nicht mehr in meine Arme schließen können. Meine Tochter, sehe ich auch so selten, dass es mir das Herz zerreißt.

Deswegen lade ich Sie auf den folgenden Seiten ein, mich auf meinem Werdegang zu begleiten, in dem ich Ihnen erläutere, wie es für mich ist, getrennt von meinen Kindern, meinem eigen Fleisch und Blut, durchs Leben zu gehen. Welche Bemühungen und Anstrengungen ich unternommen habe, um von Ihnen wahrgenommen werden zu können. Ich erzähle ihnen, wie das Wrestlingbusiness mir half, meine Depressionen zu überstehen. Welchen wundervollen Menschen ich begegnet bin, von den viele zu Freunden wurden. Ich fand Gleichgesinnte, die mich begleiteten und mir den Rücken stärkten. Dies soll einfach ein Muntermacher für Väter sein, die die Kraft nicht verlieren sollen, um ihre Kinder zu kämpfen.

Es gibt Tage im Leben, die sind einfach nur wunderschön. Sei es weil man eine Prüfung erfolgreich absolviert hatte, eine Ausbildung erfolgreich abschloss oder einfach mal irgendetwas Nettes gewonnen hatte. Doch Nichts ist mit dem Moment zu vergleichen, den Emotionen, die einen begleiten, wenn man der Geburt seiner eigenen Kinder beiwohnt. Der 15.09.2005, 10.6.2009 und 10.7.2014 waren die Tage, an denen ich sagen konnte, mir gehört die Welt. Es war atemberaubend, derjenige zu sein, der sein Kind auf den Armen an seine Brust legen konnte, um ihren Herzschlag zu spüren um mit Tränen in den Augen, das neugeborene Wunder begrüßen zu können. Ich bin dankbar und stolz, diesen Moment sogar drei Mal im Leben miterlebt haben zu dürfen.

Es dauerte seine Zeit, bis ich in die Vaterrolle hineinwuchs. Die Kinder waren im Vorfeld nicht geplant gewesen, was ich ehrlich zugeben muss, aber wenn man sie erst einmal im Arm gehalten hatte, waren allen negativen Gedanken wie ausgelöscht. Ich möchte meine Kinder nie wieder missen. Es ist das erhabenste Gefühl im Leben für mich ein Vater zu sein. Mit der Zeit lernte ich, den Alltag zu bewältigen. Ich tat alles für meine Kinder. Es begann mit dem gemeinsamen Aufstehen, gefolgt davon ihnen die Flasche zu geben oder dem Windeln wechseln. Nebenbei ging ich auch noch meinem Fulltime Job nach, wollte ich doch ein guter Ernährer für meine Familie sein. Es war eine Mammutaufgabe, seine Ausbildung abzuschließen, während man zu Hause Kleinkinder zu versorgen hatte. Ich bin überzeugt davon mein Bestes gegeben zu haben und immer für die Wünsche und Belange meiner Kleinen, da gewesen zu sein. Keine Sekunde davon möchte ich missen und würde es zu jeder Zeit wieder genauso machen.

Irgendwann kamen wir als Eltern zu der Entscheidung, uns von unserer Heimatstadt zu verabschieden und umzuziehen. Auf meiner Seite konnte man zwar nicht wirklich von einer Entscheidung, sondern von einem Zwang sprechen. Meine ehemalige Lebensgefährtin stellte mich vor die Wahl, entweder ich stimmte der Veränderung zu, die mich von meiner eigenen Familie wegreißen sollte oder ich könnte mich von meinen Kindern verabschieden. Was machte ich also ,als liebender und verantwortungsbewusster Vater? Ohne mit der Wimper zu zucken, entschied ich mich für das Glück meiner Kinder. Der Umzug barg den Verlust meiner Arbeitsstelle mit sich und so wurde ich Arbeitssuchend. Ich sollte in einer Stadt landen, die mir gänzlich unbekannt war. Für meine Frau und meine Kinder war dies nicht der Fall. Schnell fand ich einen neuen Job als Verkäufe im Mobilfunk. Meine Tage verliefen immer nach dem selben Schema. Ich ging zur Arbeit, von der ich erst spät abends nach Hause kam. Dies erlaubte mir nicht, mir ein soziales Umfeld aufzubauen. Ich hatte keine Freunde. Was tat man nicht alles um seine Familie, insbesondere seinen Nachwuchs, glücklich zu sehen?

Auch wenn es meinen Kindern gut ging und es ihnen an nichts mangelte, bemerkte ich, dass ihnen, genau wie mir, das Umfeld der eigenen, meiner Familie fehlte. Bei mir kam dazu, dass ich mich in meiner neuen Heimat einfach nur fremd fühlte. Mir fehlten meine Eltern, meine Schwester und mein Schwager. Noah und Ben ging es genauso. Sie liebten meine Familie. Die beiden Kochten gerne mit meinen Verwandten oder tobten mit ihnen herum. Auch die ein oder andere Kissenschlacht war ausgefochten worden. Dies fiel für sie, von einem auf den anderen Tag weg. Schwermütig trauerte ich dieser harmonischen Zeit hinterher. Zu dieser Zeit lag es bedauerlicher Weise nicht in meiner Macht, etwas an der Situation zu verändern. Meine Frau beharrte darauf, dass ich zu meiner erzwungenen Entscheidung stehen sollte. Dies isolierte mich mehr und mehr von meiner elterlichen Familie. Die Eifersucht meiner Ex ließ keinen Kompromiss zu, neidete sie doch die Liebe unserer Kinder zu meinen Eltern. Unter diesem Aspekt der Unzufriedenheit ließen die ehelichen Konflikte nicht lange auf sich warten. Es kam vermehrt zu Streitereien, Stresssituationen und auch Geldmangel war ein heikles Thema. Aus Kleinigkeiten wurden Konfliktthemen. Diese Auseinandersetzungen beschäftigten mich mehr und mehr und erschwerten mir mein Leben. Die geringsten Kleinigkeiten lösten die größten Debatten aus. Jede Mücke wurde zum Elefanten.

Die Routine meines Alltags wurde zu einer tonnenschweren Last. Aufstehen, die Kinder wecken, sie einkleiden, ihnen Frühstück machen, sie in den Kindergarten oder die Schule bringen, dann weiterfahren zur Arbeit, bei der mich ein vollgepackter acht bis zehn Stunden Tag erwartete. Die Entfernung von 30 km zum Job zwang mich zur Nutzung der öffentlichen Verkehrsmittel wie Bus und Bahn. Dies bedeutete für mich eine späte Heimkehr, meist betrat ich erst nach 22 Uhr die gemeinsame Wohnung. Damit endete mein langer Tag aber noch nicht. Der Abend und teilweise die Nacht standen noch vor mir. Vollgepackt noch mit dem Arbeitsstress, erfreute ich mich am Anblick meiner Kinder, endlich ein schöner Moment am Tag. Sie erwarteten mich an der Eingangstür und sahen mich freudestrahlend an.. Sie freute sich über meine Rückkehr. Von meiner Frau war nichts zu sehen. Dies half mir, die Gedanken des Alltags von mir abfallen zu lassen. Eines Abends, als mich das selbe Bild erwartete, überraschten meine Söhne mich, mit der Bitte ihnen etwas zu essen zuzubereiten, sie seien hungrig. Selbstverständlich begab ich mich direkt ans Werk. Auch zu dieser späten Stunde tat ich dies mit großer Freude. Auf die Nachfrage, warum sie noch kein Abendessen zu sich genommen hätten teilten sie mir mit, dass die Mama mit Desiree im Bett läge und bereits seit längeren schliefe. Dies musste ich meinen Kinder glauben. Noch immer verletzte es mich sehr, dass ich meine Prinzessin nicht in dem Arm nehmen durfte, hatte meine ehemalige Frau doch die Ängste geäußert, sie befürchte, ich könnte sie fallen lassen. Wie tief diese Bemerkung mich getroffen hatte, sollte sich im Laufe meines Lebens noch zeigen. Es hatte etwas in meinem Seelenleben ausgelöst, was bis heute nicht repariert werden konnte.

Erschwerend kam für mich dazu, dass die Kindsmutter es für die normale Herangehensweise hielt alle unsere Streitigkeiten vor den Augen unserer Kinder auszutragen. Dies Missfiel mir zunehmend. Ich plädierte immer wieder dafür, dies zu unterlassen, indem ich argumentierte es sei der falsche Ort oder gar der richtige Zeitpunkt. In meinen Augen gehörte es sich nicht, vor den Kinder zu streiten. Damit diese so wenig wie nur möglich mitbekamen, beendete ich diese Diskussionen schnellstmöglich und erstickte sie im Keim. Auch wenn dies für mich hieß, mich der Mutter meine Kinder unterzuordnen. Auf gut deutsch – ich war ein Pantoffelheld. Warum fragen sie sich? Aus Liebe zu meinem Nachwuchs. Nichts sollte mich jemals von

Ihnen trennen, aber wie bekannt ist, kam es anders. In einem dieser endlosen Streitgesprächen legte meine ehemalige Frau mir nahe, mir meine Kinder doch sehr genau anzusehen. Ich solle mir gründlich überlegen, ob sie wirklich die meinen wären. Diese verstörenden, verletzenden und harten Worte lösten bei mir eine innere Panik aus, die mit nichts zu beschreiben ist. Der Gedanke, dies könnte der Wahrheit entsprechen, brachte mich an den Rande des Wahnsinns. Ich stellte mir die Frage, warum ich all dies über mich ergehen ließ? Warum saß ich hier noch und versuchte alles um meine Ehe zu retten? Erschöpft von einem langen Arbeitstag kam ich eines Abends nach Hause. Begrüßt wurde ich von meiner Ex-Frau. Sie sah mich schon mit diesen vorwurfsvollen Augen an. Sie wollte reden, was sonst? Dein Sohn, damit meinte sie meinen Ältesten Noah, habe ihr gegenüber geäußert Angst vor mir zu haben. Als Konsequenz dessen entschied sie sich dazu, mich zu bitten das gemeinsame Nest zu verlassen und für immer zu gehen. Ich lege dir keine Steine in den Weg wenn du die Kinder sehen möchtest, gab sie mir noch mit auf dem Weg. Damit wollte ich mich nicht abfinden. Ich wollte ihr nicht kampflos das

Feld überlassen. Anfänglich weigerte ich mich zu gehen. Daraufhin kam ihre andere Seite wieder zum Vorschein. Sie drohte mir damit, die Polizei zu kontaktieren. Als Frau komme ich doch sowieso immer zu meinem Recht, schmiss sie mir an den Kopf. Wohin soll ich den gehen, entgegnete ich. Dank ihr hatte ich ja keinerlei Kontakt mehr zu meiner Familie. Doch ihr war das gleich. Sie blieb stur. Ich stand kurz davor unter einer Brücke zu wohnen oder gar auf einer Parkbank nächtigen zu müssen. Kurz gesagt, ich stand vor der Obdachlosigkeit. Was für eine grausige Vorstellung. Zu meinem Glück tauchte ein Bekannter bei uns auf, der mir anbot erst einmal bei ihm unterzukommen. Damit war das Horrorszenario erst einmal vom Tisch. Die Angelegenheit besser machte es allerdings auch nicht. Natürlich nahm ich die gebotene Hilfe an. Bewaffnet nur mit einem Karton, einer Bettdecke und einem Kissen, verließ ich also mein Heim. Am Treppengeländer standen, die von mir heißgeliebten Söhne und fragten, Papa, wo willst du hin? Sie wollten nicht das ich gehe. Wie oft habe ich diesen Satz schon gehört? Ob ich einfach nur zur Arbeit, einer Sitzung oder Fortbildung ging. Doch steht eine Trennung ins

Haus, bricht dieser Satz, insbesonders wenn es das letzte ist, was man von seinen Kindern zu hören bekommt, einem das Herz. Es fühlt sich an, als würde alles über mir zusammenbrechen. Der erste Gedanke, der mir kam: Wie soll es den jetzt nur weitergehen? Eine Schwere legte sich wie ein Schleier über mich. Dieser Satz war es, der sich für immer in meinem Herzen einbrennen sollte.

Die Wohnung meines Retters befand sich in unmittelbarer Nähe der Wohnung, die ich jahrelang mein Heim nannte. Als ich mich bei ihm einquartiert hatte, flossen mir die Tränen unaufhaltsam übers Gesicht. Mir schmerzte die Brust und ich konnte nicht aufhören zu Schluchzen. Der Schmerz in meiner Brust wurde so schmerzend und stechend, dass ich ihn nur verdrängen wollte und ich legte mich ins Bett. Es war so intensiv, dass ich vermutete, ich könnte einen Infarkt erleiden. Ich wollte einschlafen und nie wieder erwachen. Die Ereignisse des Tages brachen über mich herein und etwas in mir zerbrach. Gefühlt erschien mir die Nacht unendlich zu sein. Kontinuierlich pochte der Schmerz unter meinem Thorax, malträtierte mich. Die Uhrzeit kann ich nicht genau benennen, lasst es gegen zwei oder drei gewesen sein, übermannte mich die Müdigkeit und ich schlief endlich ein. Wie ferngesteuert verließ ich um halb neun, mit dem Klingeln des Weckers, das Bett. Ich fühlte mich schuldig, überhaupt wieder erwacht zu sein. Warum bist du erneut aufgewacht? Wäre ich nicht besser einfach von dieser Welt entschwunden? Es hätte mich von allen Qualen befreit.

Auf Anraten meines Bekannten, der sich sichtlich Sorgen über meinen gesundheitlichen Zustand machte, suchte ich elanlos und teils gezwungen einen Arzt auf. Es sollte sich als gute Entscheidung herausstellen. Als die ärztlichen Untersuchungen, die auch eine Kontrolle meiner Herzströme per EKG zur Folge hatte, abgeschlossen war, teilte der Mediziner mir mit, dass ich tatsächlich einen leichten Infarkt erlitten hatte. Mit der Diagnose konfrontiert, bestätigte sich der Verdacht, den ich in der vergangenen Nacht hatte. Er wollte wissen, weshalb ich so lange gewartet hatte und nicht direkt ein Krankenhaus aufgesucht hätte. Schockiert nahm er meine Aussage entgegen, es wäre doch gleich, ich würde eh nur sterben wollen. Ich gab ihm zu verstehen, dass es ohne meine Kinder in meinem Leben, keinen Grund für mich gäbe, weiter auf Erden zu wandeln. Sie seien es, die mir die Luft zum Atmen gäben. Der Doktor schrak zurück und riet mir unverzüglich dazu, psychologische Hilfe in Anspruch zu nehmen. Eine Einweisung in eine dafür ausgerichtete Einrichtung hielt er für ratsam. Obwohl ich dies weit von mir wies und ihm mitteilte nur zu meinen Kindern zurückkehren zu wollen, da ich nicht ohne sie seien könnte, überhörte er meine Argumentation. Als Mediziner sah er sich gezwungen direkt zu reagieren. Er bestellte einen Krankenwagen, um mich stationär einweisen zu lassen Er duldete keinen Widerspruch. Im Nebenzimmer wartete ich also schweigend und verloren auf meinen Transporter. Bei der Ankunft der Helfer ließ ich mich wie ferngesteuert auf eine Trage verfrachten auf der ich festgeschnallt wurde. Nun bin ich verloren, schoss es mir durch den Kopf. Zu meiner Erleichterung verlief der Abtransport über den Hintereingang des Gebäudes. Die hämmernden Blicke der anderen Patienten, die schweigend mit angesehen hatten, wie ich mich willenlos meinem Schicksal ergab, konnte ich nicht länger ertragen. So wurde ich für sie alle unsichtbar. Eine Welle der Ruhe legte sich über mich. Meine Unterbringung erfolgte in einer psychiatrischen Einrichtung in Warstein. Ich war in der Klapse gelandet. Die Anfahrt war geprägt von einer Überlegung, die sich wie ein Mantra in meinen Gedanken manifestierte." Mein Leben ist vorbei." Die routinemäßige Einschreibung stellt mich schon vor die erste Herausforderung. Welche Adresse sollte ich angeben, ich war Heimatlos. Wie mit dem Hammer geschlagen, wurde ich mir meiner peinlichen, traurigen und einsamen Lage bewusst. Ich entschied mich die Anschrift meines Kumpels anzugeben, der mir wenigstens für die letzte Nacht ein bequemes Lager bereitgestellt hatte.

Nach einer halben Stunde Wartezeit wurde ich aufgerufen. Man brachte mich in eine geschlossene Abteilung, in der mir ein Zimmer zugewiesen wurde. Wie zu erwarten, traf ich auf viele andere Patienten, von denen es sehr viele hart im Leben getroffen hatte. Zahlreiche litten unter Angstzuständen, unkontrollierbaren Wutausbrüchen oder sie waren einfach nicht mehr fähig, ihre Emotionen zu kontrollieren.

Ich horchte in mich hinein, warum bin ich hier? Ich bin doch „normal". Nahm man meine Situation so kritisch wahr, ist mein Problem so ernst? Sperrt man mich deswegen weg? Mir war der Ernst meiner Lage selbst nicht bewusst. Wahrscheinlich wollte ich es gar nicht sehen. Welche Schwäche hätte ich mir zugestehen müssen? Doch ich verschloss die Augen vor der Wahrheit.

Als ich bei einem Psychiater vorstellig wurde, wollte er meine Sichtweise der Dinge hören, die mich an diesen Ort gebracht hatten. Die Unterhaltung die folgte führte dazu, dass ich begann mir einzureden, die Beschuldigungen, die die Kindesmutter mir eingeredet hatten, entsprächen der Wahrheit. Ich hielt mich selbst für einen schlechten Vater und jemand der zu nichts zu gebrauchen sei. Ich wurde diese Gedanken einfach nicht mehr los, sie hatten sich in meinem Kopf verankert. Ich habe meine Kinder NIE geschlagen. Das Einzige, was ich mir selbst bis heute vorwerfe war, ein kleiner Klaps den ich Noah auf die Hand gegeben hatte. Er war mit seiner Mutter in eine Diskussion geraten, weil sie ihm etwas verboten hatte. Als sie laut wurde, flüchtete er in sein Zimmer. Ich folgte ihm und fand ihn aufgebracht vor. Er schlug um sich und aus Angst, er könnte sich selbst verletzen, kam es zu dem Klaps. Diese Tat beschämt mich bis zum heutigen Tag. Aber machte mich das schon zu einem gewalttätigen Schläger? In den Augen meines Gegenübers schien dies der Fall zu sein. So erschien es mir auf jeden Fall. Begann ich jetzt wirklich mir einzureden, ich sei eine Gefahr? Leider ja.

Die Menschen, die mir nahe stehen, wissen das ich ein liebevoller und fürsorglicher Vater bin, dem das Wohl seines Nachwuchs an erster Stelle steht. Ich würde mich jederzeit schützend vor sie stellen und vor allem Bösen in der Welt schützen. In einem klaren Moment wurde mir bewusst, das der Herr, der mir gegenübersaß, sich ein Bild von mir gemacht hatte, dem ich nicht zustimmen konnte oder wollte. Ich musste dafür Sorgen, dass er seine Meinung revidierte.

Die folgenden drei Wochen sollte ich nun in dieser Einrichtung verbringen, meistens vollgepumpt mit Medikamenten, deren Wirkungen sich niemand die Mühe machte mir zu erläutern. Es ist mir ein absolutes Rätsel, was ich da, wie eine Marionette, zu mir genommen hatte.

In dieser Zeit wurde ich nie von einem Facharzt besucht. Niemand nahm sich die Zeit, sich mit mir zu unterhalten und mit mir über die vergangenen Geschehnisse zu diskutieren. Ich konnte nichts ver- oder aufarbeiten. Was war das Ziel meines Aufenthaltes? Wieso bekam ich nicht die Gelegenheit, mir etwas von der Seele zu reden? Enttäuscht fraß ich meine Sorgen und den Kummer weiter in mich hinein. Mangels an Bewegung legte ich in dieser kurzen Zeit 15 kg an Gewicht zu. Ich verfiel einer Trägheit. Die größte Zeit verbrachte ich in meinem kahlen, sterilen Zimmer, ruhend. Schlafen - nur schlafen, etwas anderes wollte ich nicht. Die Dosierung meiner Medikation machte es mir leicht, war sie wohl so hoch, dass ich sowieso die meiste Zeit an Erschöpfung litt und Schwierigkeiten hatte, die Augen offen zu halten.

Der seltene Kontakt mit den anderen Patienten, die mit mir die Station teilten, war durchweg positiv. Ich gab mir die größte Mühe, sie besser kennen zu lernen. Mit offenen Ohren lauschte ich ihnen, als sie mir erzählten, warum es sie an diesen Platz verschlagen hatte. Geduldig lauschte ich ihren Problemen und verfolgte die Sorgen, mit denen sie zu kämpfen hatten. Selbst die geringste Kleinigkeit, die sie im Leben zu bewältigen hatten, fanden bei mir Gehör. Ob ich damit half, weiß ich nicht, aber ich hoffe ihnen damit vermittelt zu haben, das jemand da war.

Eine Patientin, die wegen eines nicht verarbeiteten Trennungsfalles eingeliefert worden war, wollte auch meine Geschichte hören. Also tauschten wir uns aus. Zu meiner Schande muss ich gestehen, dass ich im ersten Moment nicht nachvollziehen konnte, warum sie hier war. Ich sah ihren Kummer als Nichtigkeit. Das ist alles? So sagte ich es auch. Dafür bist du hier? Die Art und Weise mit der sie dies bejahte, legte augenblicklich einen Schalter in meinem Kopf um. Ich begriff wie unsensibel meine Äußerung in diesem Moment gewesen war. Ich entschuldigte mich ausgiebig. Erst dann begann ich zu verstehen, dass egal welcher Schicksalsschlag jemand traf, war er auch noch so klein, ernst zu nehmen war und jeder auf seine persönliche Weise damit umgehen musste. Dieses Gespräch eröffnete mir einen komplett neuen Blickwinkel auf die Menschen in meinem derzeitigen Umfeld. Noch mehr verlangte es mir, die Geschichten hinter den einzelnen Gesichtern zu erfahren. Waren wir nicht allesamt hier ,in der Bemühung,unser Leben in den Griff zu bekommen? So entstanden viele weitere Stunden, in denen ich anderen gebannt lauschte und versuchte ihnen Verständnis gegenüber zu zeigen. Zum größten Teil tat ich dies aus ehrlichem Interesse, andererseits verschaffte es mir die Möglichkeit, mich von meinem eigenen Kummer abzulenken. Einfach für einen kleinen Zeitpunkt zu vergessen, was mich hier her geführt hatte.

So eingekerkert ich mich auch fühlte, war mir bewusst, dass es Besuchstermine gab, an denen Familie und Freunde zu gegen seien konnten. Oftmals blieb ich als Einziger alleine zurück. Mich besuchte keiner. Wie auch, außer Luca, der mich vorurteilslos bei sich aufgenommen hatte, wusste niemand wo ich war. Für mich klingelte niemals das Telefon. So lange hatte ich nun schon kein Lebenszeichen meiner Kinder, das schmerzte. Nichts ersehnte ich mir mehr. Luca war der erste, der mich in der Klinik besuchen kam. War er damals der Retter in der Not gewesen, erwies er sich abermals als treuer Freund. Er versorgte mich mit frischer Kleidung. Es tat so gut, ein mir bekanntes Gesicht zu sehen. Ich genoss die Zeit mit ihm ,die mir erlaubte auch einfach mal zu lachen und alles um mich herum bei Seite zu schieben.

Die drei Wochen vergingen wie im Zeitraffer. Unendlich erschien jede Stunde. Oftmals wusste ich nichts mit mir anzufangen. Ich war zwar selten wach, doch in den Phasen wünschte ich mir den Schlaf zurück. Nur im Bett liegen ging auch nicht. Aufstehen? OK! Mein Weg führte mich in den Mehrzweckraum. Dort stand ein Tischtennistisch, an dem ich mir hin und wieder den Tag vertrieb, viel Alternatives gab es nicht. Es tat mir gut auch mal wieder etwas in Bewegung zu kommen. Die angefutterten Pfunde machten sich bemerkbar. Gab es hier nicht viel zu unternehmen, konnte man an der Menge der Verpflegung nichts Böses sagen. Es gab reichlich. Dies war mein Verhängnis gewesen. Zu viel Zeit zu viel zu essen. Die Langeweile ließ mich länger als gewohnt am Essenstisch verweilen.

Bei einem weiteren Besuch von Luca, war er es, der mir ermöglichte endlich mal zu telefonieren. Meine Ex hatte meine SIM-Karte sperren lassen. Nun bekam ich eine Neue überreicht. Mein erstes Telefonat, seit einer gefühlten Ewigkeit, führte ich mit meinem Onkel. Er lebt in Italien. Er sprach mir gut zu und versuchte mich zu ermutigen. Ich bat ihn den Mantel des Schweigens darüber zu wahren, in welcher verzwickten Lage ich mich befand oder wo ich anzutreffen sei. Glücklicherweise dachte er nicht daran, meinem Wunsch folge zu leisten.

Schon am darauffolgenden Tag wurde ich von einem Pfleger darüber in Kenntnis gesetzt, dass Besuch für mich eingetroffen sei. Überrascht nahm ich diese Information auf, ungewiss dessen, was mich erwarten würde. Mein erster Gedanke galt allein meinen Kindern. Wie gerne hätte ich sie in meine Arme genommen. Im Besucherraum erblickte ich meinen Vater und meinen Schwager, dicht gefolgt von meiner Mutter. Ihr standen die Tränen in den Augen. Dieser Anblick rührte mich so sehr, dass ich es nicht in Worte fassen kann. Meine Mutter wollte alles wissen, insbesondere wie es so weit hatte kommen können. Ich erzählte ihr alles, dankbar ihr mein Herz ausschütten zu dürfen. Jedes Wort kam nur schwer über meine Lippen, schämte ich mich doch. Es fiel mir sehr schwer mit ihr darüber zu sprechen, hatte ich nun schon über zwei Jahre keinen Kontakt mehr zu ihnen gehabt. Die Gewissensbisse nagten an mir. Es galt erst mal wieder Vertrauen zueinander aufzubauen, so hart dies klingen mag. Trotzdem bat meine Familie mich geschlossen, doch wieder zu ihnen nach Hause zu kehren. Meine Dankbarkeit kannte keine Grenzen. Jedoch sagte ich: „Meine Familie, meine Kinder sind woanders, in einer anderen Stadt und ich habe so große Sehnsucht nach ihnen, weil ich sie jede Sekunde vermisse."

Mein Vater bat einen Pfleger darum in Erfahrung zu bringen, ob ich die Einrichtung für einen Tag verlassen dürfe. Somit sollte ich die Gelegenheit erhalten einen

Anwalt aufzusuchen. Dies wurde mir dann auch genehmigt. Mein Vater fuhr am Folgetag mit mir in meine Heimatstadt Hagen. Der Tag war straff getaktet, hieß es ja für mich, morgen schon wieder in Warstein vorstellig werden zu müssen. Die Klinik erwartete mich zeitig zurück. Die erste Anlaufstelle führte mich zu einem anwaltlichen Termin. Es war an der Zeit mir juristischen Beistand zu holen. Nachdem ich ihm die Gesamtsituation geschildert hatte, bat er mir seine Unterstützung an. Direkt als erstes wollte er sich darum kümmern, die Scheidung einzureichen. Des weiteren wollte er einen Umgangsprozess anstreben. Es war Zeit um meine geliebten Kinder zu kämpfen.

Von meiner alten Umgebung wollte ich niemand besuchen, zu peinlich war mir alles, was auf mich eingebrochen war. Ich wollte niemanden gegenüber zugeben müssen, kein Heim mehr zu haben, einfach gar nichts mehr zu haben. Ich war nicht bereit irgendwem Rechenschaft abzulegen.

Als wäre ich nie weg gewesen traf ich wieder in der Klinik ein. Es war an der Zeit mich einer endgültigen, finalen Kontrolle meines derzeitigen Zustand zu unterziehen. Dies würde mir aber nur mit Hilfe eines Facharztes gelingen. Also suchte ich diese Hilfe auf. In der Behandlung gab ich vor, mich besser zu fühlen. Nichts konnte weiter entfernt von der Wahrheit liegen. Ich fühlte mich hier einfach unverstanden und nicht gut aufgehoben. Erleichtert nahm ich die Entscheidung hin, dass meine Entlassung veranlasst wurde. Mein Vater holte mich ab, um gemeinsam die Heimreise anzutreten. Mir war nicht wohl bei der Sache. War ich für all das was mich außerhalb dieser Mauern erwartete bereit? Könnte man mir wirklich die Hilfe geben, die ich am meisten benötigte? Das Einzige was mir vom meinem Aufenthalt in der Klinik blieb, waren die Medikamente, die man mir mit auf den Weg gegeben hatte. Man riet mir davon ab diese abzusetzen. Wie ein Schaf folgte ich dieser Anweisung. Auf dem Weg nach Hagen, beschäftigte ich mich immer noch mit der Frage, wo genau ich jetzt hin sollte. Wie sollte es jetzt mit mir weiter gehen? Irgendwann müsste ich mich auch zurück zur Arbeit begeben. Mein Arbeitgeber war über alles informiert gewesen und hatte sich als sehr kulant erwiesen.

Im Elternhaus angekommen, fühlte ich mich sicher. Endlich wieder eine vertraute Umgebung. Mit einem Teller leckerer Nudeln wurde ich willkommen geheißen. Was nun folgte war ein monotoner Alltag. Nach dem aufstehen folgte das Frühstück. Dann legte ich mich wieder ins Bett. Dies erinnerte schwer an meine Zeit in Warstein. Nur zu den Mahlzeiten brachte ich genug Energie auf, mich aus den Federn zu begeben. In einem stillen Moment musste ich mir eingestehen, dass ich massiv unter Depressionen litt. Ich war antriebslos mich dem Alltag zu stellen. Sah keinen Sinn, egal in was.

Meine Mutter war es, die mich unermüdlich ermutigte, meinen Hintern hoch zu bekommen. Soweit war es als erwachsener Mensch also gekommen, wie ein Kleinkind befolgte ich die Anweisungen meiner Mum.

So sehr ich die liebevolle Umgebung meiner Eltern zu schätzen wusste, spürte ich, mich am falschen Ort zu befinden. Ich wollte in mein Heim, das in dem meine Kinder lebten. Schmerzlich wurde mir einmal mehr bewusst, wie sehr ich sie vermisste. Getrieben von diesen Gedanken, isolierte ich mich mehr und mehr von den Menschen, die es doch nur gut mit mir meinten.

Im Elternhaus hatte man mir das Spielzimmer meiner Nichte und meines Neffen, zum Übernachten bereit gestellt. An einem weiteren antriebslosen Tag, in dem ich nur mit der Bettdecke über dem Kopf liegen bleiben wollte, betrat meine Nichte das Zimmer. Sofort durchbohrte sie mich mit Fragen und legte sich dabei an meine Seite. Jeder meiner Antworten folgte die nächste Frage. Dies zog sich eine Weile hin. Es kamen Themen zur Sprache über die man selbst überhaupt nicht nachdachte. Dinge wie, Onkel Salva, warum trägst du deine Haare so kurz, wer hat sie dir geschnitten oder warum hast du sie nicht gestylt. Am Ende meines Geduldsfadens angelangt, bat ich sie doch den Raum zu verlassen. Ich wollte Zeit für mich alleine haben. Zwar kam sie dem nach, aber wie Kinder nun mal sind, hielt meine erzwungene Ruhe nur zwei Minuten an. Grinsend kehrte sie zurück ins Zimmer und wiederholte einfach nochmal die Fragen. Dieser kleine Sonnenschein gehört zu den Gründen im Leben, die einen einfach nicht aufgeben lassen, für die es sich lohnt immer weiter zu kämpfen. Auf ihre unvergleichbare süße Art versuchte die kleine Laurena, mich aufzubauen. Ich schätze dies so unendlich an ihr. Sie ließ nichts unversucht, mich aus dem mir selbst erlegten Käfig herauszuholen und ermunterte mich ohne zu ermüden dazu, mit ihr Unternehmungen nachzugehen. Sie betonte, sie wolle bei mir sein. Egal ob es ein Ausflug auf den Spielplatz war, ein gemütlicher Spaziergang oder das Teilen einer Mahlzeit in einer Pizzeria, ihr fiel immer etwas ein.

Trotzdem verharrte ich in meinen Depressionen. Mein soziales Umfeld fehlte mir sehr. Die sich andauernden und anhäufenden Enttäuschungen und Rückschläge im Leben, gepaart mit der Isolation zu meinen Kindern, zollten ihren Tribut. Fast unmöglich erschien es mir, egal wem gegenüber, ein stabiles Vertrauensverhältnis aufzubauen. Unterbewusst wollte ich dies wahrscheinlich auch nicht, da ich seelisch und psychisch zerstört war, so dass ich mir gewiss war,eine weitere Enttäuschung nicht verkraften zu können.

Nachdem ich wieder heimisch wurde, hatte ich mir gedacht, ich könnte einen alten Kontakt reaktivieren. Es war mir sofort klar, wen ich anrief. Die Entscheidung fiel mir sehr einfach. Daher schnappe ich mir das Telefon und rief meinen alten Freund Gerd aus Soest an. Mit Gerd verbindet mich eine jahrelange Freundschaft die bis heute anhält. Als ich mich bei ihm meldete und ihm mitteilte, dass ich getrennt bin, hatte ich das Gefühl, dass ihn das nicht groß überraschte. Endlich bist du die Alte los, sagte er. In diesem Augenblick habe ich das erste Mal so richtig gelacht. Er war und ist immer noch der Typ, den ich anrufen kann, wenn es mir schlecht geht. Er stand mir in den schweren Sekunden immer bei und war immer für mich da. Ich bin froh und stolz darüber, so einen Freund zu haben, auch wenn die Freundschaft damals sehr gelitten hatte, weil hier meine Frau ihre Finger im Spiel hatte. Sie versuchte alles mir die Freundschaft mit ihm zu verbauen. Aber die beste Erinnerung an Gerd ist, dass wir gemeinsam immer zu Wrestling Veranstaltungen gefahren sind. Als die wXw einen Tourstopp in Wickede an der Ruhr einlegte kam Gerd mit dem Vorschlag, dorthin zu gehen. Diesmal mit meinem ältesten Sohn Noah. Als Vater war ich so stolz, ein gemeinsames Hobby mit meinem Sohn zu haben. Wir schauten uns auch immer im TV und Internet Wrestling Shows an. Er wollte immer länger wach bleiben, damit er auf keinen Fall etwas verpasste. Die Veranstaltung in Wickede war die erste überhaupt für ihn. Er hatte so viel Spaß, dass ich vor Glück weinen wollte. Er durfte Fotos mit den Aktiven machen und hatte reichlich Spaß sich mit anderen Fans zu unterhalten. Als wir zu Hause ankamen erzählte er seiner Mutter, wie toll es doch gewesen sei. Die Reaktion von der Kindesmutter viel anders aus ,als sich mein Sohn sich das gewünscht hätte. Sie freute sich nicht für ihn.

Es ist wahnsinnig, wie gut mir die Anwesenheit meiner Nichte und meines Neffen Samuel taten. Als er das Licht der Welt erblickte, war ich einer der ersten im Krankenhaus. Davor hatte ich es mir nicht nehmen lassen, ein Spielwarengeschäft anzusteuern. Ich wollte nicht mit leeren Händen aufschlagen, um den Kleinen willkommen zu heißen. In der Begleitung meines Vaters, der mir mit Rat und Tat zur Seite stand, durchforstete ich die verschiedenen Abteilungen und Regale. Ein circa 10 cm großer Teddybär fiel uns ins Auge, der zwar süß war, aber ich fand ihn nicht angemessen genug. Wir suchten weiter und stießen auf einen anderen creme beige farbenen Bären, der mit seinen 80 cm mehr dem entsprach, was ich mir vorgestellt hatte. Dazu war dieses Plüschtier mega flauschig. Die Maße sprengten das Kassenband. Wir hatten sogar Schwierigkeiten das Präsent in den Kleinwagen meines Vaters unterzubringen. Die Lösung lag nahe, wir schnallten das Tier auf dem Beifahrersitz fest und ich nahm im hinteren Teil des Autos platz. Die Schwestern und Ärzte im Krankenhaus schauten nicht schlecht, als ich mit diesem riesen Bären durch die Gänge gelaufen kam. Am Zielort angekommen, erblickte ich den Knirps friedlich liegend, in den Armen meiner Schwester. Als sie mir anbot, ihn auf den Arm zu nehmen, stieg eine Panik in mir auf. Sofort klingelten mir die bösen, verletzenden Worte meiner Ex-Frau wieder im Ohr. Ihre sorgenvollen Beschuldigungen, ich könnte unsere gemeinsame Tochter fallen lassen, paralysierten mich. Mit den Worten: „Nein, lieber nicht", verneinte ich, getriggert von der Vergangenheit, die mich zu übermannen drohte. Ich begnügte mich damit, dem Neugeborenen übers Gesicht zu streicheln, während es geschützt und sicher, in den Armen seiner Mutter lag. Was ich dann sagte, klingt seltsam, aber genauso hatte es sich zugetragen. Mit „Mahlzeit, herzlich willkommen", begrüßte ich meinen Neffen im Leben.

Wie so oft, wenn ich zu Hause ankam, führte mich der erste Weg zum Briefkasten. Erneut erwartete mich Post vom Anwalt, der in diesem Fachchinesisch geschrieben war, dem ich nichts folgen konnte. Für mich war das unverständliches Kauderwelsch. Als ob dies nicht schon ausreichen würde, lag dem ein Schreiben vom Jugendamt bei. Darin wurde ich um Rückmeldung gebeten. Man wolle sich mit mir Zusammensetzen und sich aussprechen, was immer das bedeuten sollte. Also vereinbarte ich einen Termin.

Obwohl ich mit meiner Familie eine Weile in diesem Ort gelebt hatte, fiel es mir schwer die Anschrift des hiesigen Jugendamtes ausfindig zu machen. Endlich angekommen, führte man mich in den Wartebereich.

Dort verweilte ich bis man mich aufrief. Im Gesprächsraum bombardierte mich die Angestellte des Jugendamtes unverzüglich mit Vorwürfen. Es fielen Worte, wie ich würde meine Kinder schlagen. Unter Tränen wies ich diese absurden Anschuldigungen weit von mir. Ich war perplex. Ich fühlte mich überfordert und unfähig, dieses Gespräch fort zu führen. Doch ich riss mich zusammen, fasste mir ein Herz und schilderte ruhig meine Seite der Geschehnisse. Während sie mich anlächelte teilte sie mir mit, meinen Worten keinen Glauben zu schenken. Als ich mich nach dem Grund ihrer Einladung erkundigte, nannte sie dies die übliche Herangehensweise. Sie erkundigte sich nach meinem derzeitigen Gesundheitszustand und die Gründe meiner Einweisung in der psychiatrischen Anstalt. Was dann kam, traf mich wie ein Schlag ins Gesicht. Sie warf mir vor, mich egoistisch verhalten zu haben. Wie könne ich es rechtfertigen, mir helfen gelassen zu haben, während ich meine Kinder sich selbst überlassen hatte, gemeinsam mit ihren Ängsten und Nöten? Mit weit aufgerissenen Augen vergewisserte ich mich, ob sie diese Worte ernst meinte. Ich wiederholte, ich sei es gewesen, der von seiner Frau der gemeinsamen Wohnung verwiesen wurde, mit der Ungewissheit, wo ich hin sollte und betonte, dass ich an diesem Abend fast gestorben sei. Berechtigte mich das nicht zum Aufsuchen von Hilfe? Anteilslos erwiderte sie nur, mein Nachwuchs habe unter der Situation gelitten und es wären nun mal die Anschuldigungen gefallen, ich hätte meine Kinder geschlagen. Des weiteren sei bei meinen Sohn ein Ausschlag im Intimbereich festgestellt worden. Ob ich darüber unterrichtet sei, wollte sie wissen. Ja, das war mir bekannt. Was ich nicht wusste, war das meine ehemalige Frau mich für diesen Zustand verantwortlich machte. Verärgert wollte ich schon den Raum verlassen, die Hände zu Fäusten geballt, doch ich unterließ es und forderte die Dame nur auf mir zu antworten. „Werfen SIE mir gerade eine Vergewaltigung vor?" Nein, erwiderte sie zügig. Sie nicht aber ihre Ex. Dies war mir entschieden zu viel, ich brach das Gespräch ab. Als Abschiedsgeschenk bekam ich noch mal die Worte mit, man schenke mir keinen Glauben. Mangels an Alternativen fuhr ich heim. Einige Tage verstrichen bis ich erneut Post von der Gegenseite erhielt. Diesen Tag vergesse ich nie, wurde ich erstmals mit dem Verdacht des versuchte Mordes konfrontiert. Ich gebe ja zu, meine Kinder und ich veranstalteten leidenschaftlich gerne Kissenschlachten, bei denen es auch schon mal wilder zugehen konnte, aber ich achtete zu jeder Zeit auf ihre Sicherheit. Niemals wäre mir in den Sinn gekommen, dass die Mutter meiner Kinder, dies zum Anlass nehmen würde zu behaupten, ich hätte ihnen das Kissen ins Gesicht gestopft, um sie zu ersticken oder zur Bewusstlosigkeit zu bringen. Dem konnte ich kein Verständnis entgegenbringen. Im Gegenteil. Ich war aufgebracht und sauer. Das wollte ich selbstverständlich nicht so im Raum stehen lassen. Welcher Vater, der seine Kinder so bedingungslos liebt, wie ich es tue, würde dies kommentarlos über sich ergehen lassen? Selbst wenn ich in Momenten vielleicht gedanklich kurz abgelenkt gewesen wäre, hätte ich so eine grausame Tat doch nie begangen. Ich hab niemals nur den Ansatz eines derartig unaussprechlichen, abartigen Gedanken gehabt. Sie sind doch mein eigen Fleisch und Blut. Mein allergrößter Stolz.

Ich konsultierte meinen Anwalt, der umgehend gegen diese Behauptungen angehen wollte. Aber welcher

Vater bekommt in diesem Land noch Recht, schoss es mir durch den Kopf. Mein Glaube an den Rechtsstaat war zu diesem Zeitpunkt schon erschüttert. Ich glaube damit bin ich nicht alleine. Viele Väter werden sich schon die selben Gedanken gemacht haben. Davon bin ich überzeugt. Ich finde es schrecklich, dass es im Leben eines Menschen soweit kommen kann.

Als ich mich um die juristischen Wege gekümmert hatte, war es an der Zeit mir bewusst zu werden, dass ich nach wie vor seelischen Beistand benötigte. Wiederholt suchte ich mir psychologische Hilfe. Alleine konnte ich dem Druck, den diese massigen und ungerechtfertigten Anschuldigungen in mir aufstauten, nicht fertig werden. Verwundert stellte ich fest, wie schwierig es sich gestaltete, Unterstützung zu erhalten. Gerade dann wenn ich sie am allermeisten benötigte. Bei gängigen Wartezeiten von sechs bis fünfzehn Monaten blieb mir nur die Möglichkeit, mich an eine gemeinnützige Einrichtung zu wenden. Dort bekam ich zeitnah einen Termin.

Beim Ersttermin begrüßte mich eine junge Dame, die sich umgehend über mein Wohlbefinden erkundigte.

„Scheiße", war das erste was sie von mir vernehmen konnte (und nein wir machen hier keine Werbung für Kreditkarten :-). Ihr Blick war unbezahlbar. Damit hatte sie offensichtlich nicht gerechnet. Es sollte eine ernsthafte Unterhaltung werden. Sie bat mich, ihr meinen Leidensweg zu schildern, also wiederholte ich fast schon routinemäßig die Geschehnisse der vergangenen Monate. Sie gab an, mir Verständnis entgegenzubringen, worauf ich in Erfahrung bringen wollte, ob sie selber Kinder hätte. Dies verneinte sie verdutzt. Ich gab ihr zu verstehen, dass sie sich in meinen Augen, kein Bild davon machen konnte, was in mir vorging. Daraufhin entbrannte zwischen uns eine hitzige Diskussion, das sie dies ganz anders sah. Wir gerieten in eine Situation, in der ich zum Fragesteller wurde und sie mir Rede und Antwort stand. Was glauben sie wie ich mich fühle, entrissen von allem was mir lieb und teuer ist? Was denken sie, mit welchen Problemen ich mich täglich rumplagen muss?, fragte ich. Dies ging eine Weile so, bis sie anmerkte, es wäre alles aus dem Ruder gelaufen. So könnten wir nicht weiter machen. Ich müsse ihr Fragen beantworten und nicht anders herum. Dem stimmte ich zu, jedoch nicht ohne noch einmal zu betonen, nicht im Glauben zu sein, sie könne sich ein Bild meiner Situation machen. Genervt wanderte ihr Blick auf die Uhr. Erleichtert schien sie festgestellt zu haben, dass unsere gemeinsame Zeit sich dem Ende näherte. Schnellstmöglich verabschiedete sie mich, augenscheinlich froh, mir entkommen zu können. So verlief er, mein erster Termin bei einer gemeinnützigen Organisation. Nicht fruchtbar, die reinste Zeitverschwendung. So sah es ich es. Ich versuchte auf andere Weise, einen klaren Kopf zu bekommen.

Beim Blick in den Spiegel wurde ich mit einem anderen Problem konfrontiert. Ich erblickte einen 95 kg schweren Koloss, der mir entgegenblickte. Ein Fettkloß, eine mir fremde Person erwiderte meinen Blick. Ich ertrug mein Spiegelbild nicht. Ich fand mich unansehnlich, so die nette Ausdrucksweise. Scheiß drauf, das hier ist mein Buch, also kann ich es klar ansprechen, ich war fett. Man verglich mich schon mit dem Michelin-Männchen. Mit dieser Realität meines Gewichtes vor Augen, entschloss ich mich zu einer Veränderung. So konnte und durfte es nicht weiter gehen. Angetrieben vom Ehrgeiz nahm ich mein Sportprogramm wieder auf. Es war Zeit, sich in Bewegung zu setzen. Notgedrungen zwängte ich mich, in den mir mittlerweile viel zu eng gewordenen Jogginganzug und begab mich zum nächstgelegenen Sportplatz. Motiviert absolvierte ich die erste Runde, an deren Ende ich schon nass geschwitzt war. Egal, die zweite Runde folgte auf dem Fuße. Was dann geschah, kann ich mir bis heute nicht erklären. Ich muss umgefallen und ohnmächtig geworden sein. Als ich erwachte, erhob ich mich, nur um ohne nachzudenken, mechanisch die nächste Runde zu laufen. Ich wollte etwas erreichen, ich hatte mir ein Ziel gesetzt. Doch es kam anders als gedacht. Ich brach zusammen. Dies nahm manische Züge an, so dass man mich unter Zwang vom Sportplatz tragen musste.

Mein Ziel verlor ich nicht aus den Augen. Ich wollte mindestens 30 kg an Gewicht verlieren. Dies hatte zur Konsequenz, dass ich mich ausschließlich von gesunden Smoothies aus grünem Tee, frischem Spinat, Brokkoli, Mangos und Kiwis ernährte. Langsam schlichen sich Erfolge ein. Mein Laufpensum verbesserte sich und ich war in der Lage, Entfernungen von drei bis fünf Kilometer pausenlos zu absolvieren. Dies verbesserte mein Seelenleben und steigerte mein Selbstwertgefühl. Man war dies nötig gewesen. Ich hatte das Gefühl, wenigstens über eine Sache, die Kontrolle wiederzuerlangen.

Nicht nur weil der Prozesstermin, der das Umgangsrecht mit meinen Kindern regeln sollte, immer näher rückte. Bald sollte sich entscheiden, ob ich endlich meine geliebten Söhne und meine angebetete Tochter wiedersehen durfte, deren Abwesenheit in meinem Leben, mir das Herz schwer machte. Zum Schutz der Kinder, waren diese am Vortag von den Eltern getrennt befragt worden. Dies war der Notwendigkeit geschuldet, dass sie nicht abgelenkt oder manipuliert werden sollten. Das konnte ich gut verstehen, auch wenn es hieß, das ich sie nicht sehen konnte.

Als ich zu lesen bekam, was die drei zu Protokoll gegeben hatten, insbesondere mein Großer, war ich geschockt und sprachlos. Dort stand doch tatsächlich, er habe angegeben mich abgrundtief zu hassen und ich habe versucht ihm das Leben zu nehmen. Die Konfrontation mit diesen Zeilen traf mich wie ein Dolch im Herzen. Es tat einfach weh. Schwer wie ein Stein saß ich auf dem Stuhl des Amtsgerichtes und wusste weder ein noch aus. Mein Anwalt stand mir zur Seite und versuchte, das Bestmögliche für mich heraus zu holen. Auf der anderen Seite sah ich die Frau, die ich einst geliebt hatte. Sie lachte sich ins Fäustchen.

Die Entscheidung des Richters sollte mich noch schwerer treffen. Ein Umgangsrecht wurde ausgeschlossen. Erneut riss man mir den Boden unter den Füßen weg. Ein schwarzes Loch tat sich in meinem Kopf auf. Am liebsten hätte ich jeden im Raum Anwesenden zum Teufel gejagt. Standhaft verblieb ich auf meinem Platz. Ich schluckte meine Enttäuschung herunter. Der Richter verfügte, es solle ein psychologischer Beistand eingeschaltet werden, der es mir und den Kindern ermöglichen sollte, miteinander zu kommunizieren. Dies nahm ich dankend an. Ich wollte schnellstmöglich unter Beweis stellen können, nicht so ein schlechter, böser Mensch zu sein, wie man es mir ankreidete. Die Kinder hatten Dinge angegeben,von denen ich bis dato noch nie etwas gehört hatte. Für mich klang es , als höre ich ihre Mutter sprechen. Die Aussagen konnten nur von ihr stammen. Dies erschien mir sehr suspekt. Aber das Gericht hatte ein Urteil gesprochen, dies musste ich erst einmal so hinnehmen.

Als die besonderen Tage anstanden, sprich Geburtstage, Nikolaus oder Weihnachten, schickte ich Geschenke an die Adresse meiner Ex, damit sie diese weiterleiten konnte. Ich wollte nicht das meine Kinder glauben könnten, ich hätte sie vergessen. Mir war es wichtig, dass sie wussten von wem diese Päckchen kamen. So sollte es jedoch nicht kommen. Alle meine Sendungen kamen zu mir zurück. Man teilte mir mit, die Annahme sei verweigert worden. Als gebrochener Mensch blieb ich mit den Geschenken zurück.

Abends klingelte mein Handy. Mein guter Freund Murat, mit dem ich über die sozialen Netzwerke in Kontakt geblieben war, wollte hören, wie es mir geht. Ich schilderte ihm die Ereignisse. Überraschender Weise bot er mir einen Job an. Eine kleine Wrestlingliga, die C.O.W aus dem Saarland war auf der Suche nach einem Ringsprecher. Ich hatte so etwas aber noch nie gemacht und war bisher nur als Fan bei verschiedenen Veranstaltungen anwesend gewesen. Er sprach mir ermunternd zu und meinte, er könne sich gut vorstellen, dass ich dem gewachsen sei. Er glaube an mich. Ungläubig vergewisserte ich mich, ob er sich bei dieser Angelegenheit sicher sei. Er meinte nur ich solle ihn nicht enttäuschen, habe er doch in meinem Namen längst zugesagt. Ok, mir bleib also nichts anderes übrig. Ich würde diesen Job annehmen. Um bestmöglich darauf vorbereitet zu sein, steuerte ich das nächste Kaufhaus an. Ich kaufte eine elegante Hose und ein Hemd. Da ich in der letzten Zeit 15 kg an Gewicht verloren hatte, passte mir meine alte Kleidung nicht mehr. Ich wollte mich professionell und gut gekleidet präsentieren. Für die Anreise zur Show wurde ich am 05.09.15 abgeholt. In den Räumlichkeiten angekommen, begrüßte ich jeden höflich, der mir über den Weg lief. Mit jedem meine ich wirklich jeden. Es handelte sich zwar um eine kleine Liga doch waren mir die meisten Gesichter kein Begriff. Es lag in meiner Natur, so zu handeln. Ich bereitete mich auf die Show vor, was auch hieß meine neue Kleidung anzuziehen. Man reichte mir die Matchcard des Abends. Dabei handelt es sich um einen Ablaufplan, der regelt in welcher Reihenfolge die Sportler ihre Kämpfe absolvieren würden. Sofort begann ich meine Notizen vorzubereiten. Schlagartig hieß es für mich Bühne frei, raus vor den Vorhang. Ich musste in den Ring. Die Show sollte beginnen. Also los ging es, es gab einen Job zu erledigen. Nach drei Stunden war alles vorbei. Was war ich den ganzen Abend nervös gewesen. Ich hatte wirklich Sorge, ich könnte mir in die Hose nässen. Doch als alles vorbei war fühlte ich mich wie neugeboren. Die Zeit vor Ort half mir mich abzulenken. Für einen kurzen Zeitraum war es mir gelungen, alle Ängste und Sorgen von mir abzuschütteln. Bis zum heutigen Event war dies undenkbar gewesen.

Als ich mich gerade für den Rückweg fertig machte, trat Alex Wonder, der Promoter der C.O.W an mich heran und teilte mir mit, man sei mit meiner Leistung sehr zufrieden gewesen. Ich war so dankbar, möchte aber auch nicht missen zu betonen, dass das gesamte Team es mir sehr einfach gemacht hatte. Man verabredete, in Kontakt zu bleiben. Überwältigt von den Eindrücken, begann ich wieder als Fan verschiedenen Veranstaltungen beizuwohnen. Es wurde zu einer guten Abwechslung und Ablenkung von meinem einsamen Alltag.

Mit Robin, ein jahrelanger Freund, den ich zu gerne meinen Bruder nenne und den ich aus meiner Heimatstadt Hagen kannte, verband mich das gemeinsame Hobby, Musik zu produzieren. Diesen Kontakt lies ich wieder aufleben. 2004 hatten wir uns kennengelernt, als wir Schiedsrichter beim selben Fußballspiel waren. Als er am 24.06.2017 heiratete, stand ich ihm, als sein Trauzeuge zur Seite. Wir verstanden uns auf Anhieb wieder so gut, als wäre ich nie weg gewesen. Die Musik half mir, meine Gefühle und Emotionen zu verarbeiten. Aus Ängsten, die sich in mir angestaut hatten und schlummerten entstanden Melodien. Diese Aufgabe erfüllte mich nicht ganz, obwohl ich ihr gerne nachging.

Deshalb war es eine schöne Fügung als Alex Wonder wieder auf mich zurückkam. Er wollte mich für eine weitere Show am 07.11.15 verpflichten. Dies gab mir den Glauben daran zurück, dass es noch gute Menschen gab, die einen Stärken und Halt geben konnten.

Trotzdem verblieb in all diesen Momenten die Sehnsucht nach meinen Kindern, deren anhaltende Abwesenheit mich täglich schmerzte. In mir wuchs der Wunsch etwas Gutes zu tun. Beflügelt von den positiven Ereignissen rief ich Anfang 2016 eine Charity-Aktion ins Leben. Es begann damit Gegenstände von Promotern und etlichen Wrestler zu erbitten und zu sammeln, die ich dann für den guten Zweck (Strahlemännchen) zur Ersteigerung im Internet anbieten konnte. Ein positiver Nebenaspekt der sich entwickelte, waren die Türen die sich in einer weiteren Promotion für mich öffnen sollten. Es handelte sich hierbei um die Promotion um HATE (Celtic Underground) und der G.W.F.(Berlin)

Warum ausgerechnet Charity? Ganz einfach. Ich hatte das Gefühl, etwas tun zu müssen. Da ich meine Kinder nicht um mich herum hatte war dies die einzige Schlussfolgerung. Ich wollte Kindern helfen. Also sammelte ich für Strahlemännchen e.V. Ich bin sehr stolz darauf, dass ich mit einigen Leuten aus der Szene über 2000€ sammeln konnte. Mir ging richtig das Herz auf. So viele Leute die gespendet haben bzw. Artikel ersteigert haben. Ich fragte mich in diesem Moment, was denken nun meine Kinder darüber?
Mir war es sehr wichtig diese Sache durchzuziehen,ich erwartete dafür keine „Likes" oder „Gefällt mir",sondern ich wollte damit einfach nur die Leute erreichen. Das Ziel: Gemeinsam etwas Gutes tun.

Ich erhielt eine Anfrage von HATE, für diejenigen, denen dieser Name nichts sagt, bei ihm handelt es sich, in meinen Augen, um eine europäische Catch-Ikone. Warum? Ganz einfach! Er ist der Grüner, einer der größten europäischen Wrestlingpromotion überhaupt.Ich sollte am Folgetag für ihn arbeiten. Insgesamt hatte ich das Gefühl, immer auf den letzten Drücker angefragt zu werden. Haha! Während der Show traf ich zum ersten Mal, gleich auf zwei, mexikanische Akteure. Seit meiner Jugendzeit handelte es sich bei Ihnen um Vorbilder. Ich liebte den Lucha-Libre-Style. Er ist einmalig. Es handelte sich um Juventud Guerrera und Super Crazy.

Als ich die Matchcard durchging, kam mir die Eingebung, diesen mexikanischen Kampf, der das Main-Event des Abends werden sollte, also der Hauptkampf der Show, auf spanisch Anzusagen. Respektvoll suchte ich die Aufmerksamkeit von Super Crazy, der auf einer Couch lag und schlief. Ich glaubte, er war sicherlich erschöpft von seiner langen Anreise aus London Ungewiss ob er mich hören würde, stupste ich ihn an und fragte ihn, ob ich ihn stören dürfte. Sofort öffnete er die Augen und meinte nur Selbstverständlich,klaro. Er bot mir den freien Platz an seiner Seite an. Ich holte mir seine Meinung bezüglich der spanischen Präsentation ein. Er war vom Fleck weg begeistert. Neugierig richtete er einen Blick auf meine Karten. Ich las ihm die geplante Ansprache vor. Er war Feuer und Flamme, gab mir aber auch einige Verbesserungstipps mit auf dem Weg, Insbesondere darüber, wie ich seinen heutigen Kontrahenten am besten ins Rampenlicht rücken könnte. Seine Hilfsbereitschaft war beispiellos. Es war mir eine große Ehre, mich mit einem derart professionellen Athleten, ohne einen Ansatz von Star-Allüren, unterhalten zu haben. Diese Begegnung hinterließ in mir, ein einmaliges Gefühl der Dankbarkeit. Im Grunde kann ich mich sehr gut an diesen Abend erinnern, zumindest bis zum Hauptkampf. Ich stand so unter Adrenalin, dass ich mich am meine Performance nicht erinnern kann. Wie war es wohl bei den Fans angekommen? Laut den Aussagen, der beiden Sportler im Ring, war es kurz ausgedrückt: Bombe. Dieses Lob, welches mir die beiden ehemaligen WWE-Wrestler entgegenbrachten, bedeutete mir alles und erfüllten mich mit Stolz. Gerne denke ich an diesen wundervollen Abend zurück.

Bei der GWF lernte ich den Promoter Crazy Sexy Mike und den Wrestler Andre Trucker kennen. Sie hatten mein Debüt als Ringsprecher bei der C.O. W miterlebt und wollten mich für eine Show im Ruhrgebiet, genaugenommen in Herne, mit am Start haben. An diesem Tag überreichte man mir viele Dinge für die Charity Auktion. Mein Dank geht an alle Beteiligten. Ich erhielt Hosen, T-Shirts, getragene Tank-Tops und vieles mehr. Dieser Abend sollte der Beginn einer tiefen und innigen Freundschaft werden. Andre war einer der Menschen, der wie ich, mit ganzem Herzen bei der Sache war, was die Charity-Aktion anging. Auch er stellt mir verschiedene Artikel zur Verfügung. Es war ein Erlebnis zu sehen, mit welcher Selbstverständlichkeit man mir Produkte, die einem guten Zweck dienten, in die Hände gab. Noch mehr freue ich mich darüber, in Andre einen treuen und zuverlässigen Freund gewonnen zu haben, der bis zum heutigen Tag einen Platz in meinem Leben eingenommen hat und dort auch hoffentlich immer verbleibt. Wir verstehen uns einfach blind und sind auch abseits des Wrestlings immer füreinander da. Auch bei privaten Ereignissen stärkten wir uns gegenseitig den Rücken. Wir vertrauten uns einander vieles an über das wir anderen gegenüber den Mantel des Schweigens legten. Dafür schätze ich ihn sehr. Nie werde ich vergessen, als ich erfuhr das sein Haus niederbrannte. Ich habe mich in der Pflicht gesehen, etwas zu unternehmen. Mit Hilfe eines Spendenaufrufs, versuchten wir Geld für den Wiederaufbau zu sammeln. Da wir die gleiche Leidenschaft teilten und zwar die zu Bud Spencer und Terence Hill, kam mir der Gedanke, Buddy persönlich anzuschreiben. Da es sich bei ihm ja um einen Landsmann handelte, war die Barriere zur Kommunikation schwindend gering. Gesagt, getan. Ich schrieb ihn mit der Bitte an sich eventuell die Zeit zu nehmen, ein kleines Motivationsvideo aufzunehmen, welches ich dann Andre zukommen lassen könnte. Damit könne er dann sehen, dass er nicht allein da stand. Er sollte nicht den Glauben verlieren, dass es Menschen gab, die für ihn da waren. Einige Tage später erreichte mich tatsächlich eine Antwort. Es war Bud Spencers Sohn, was mich gleichermaßen verblüffte und erfreute. Leider musste er mir mitteilen, dass es seinem Vater gesundheitlich nicht zum Besten stand und er sich derzeitig in einem Krankenhaus aufhalten würde. Er wolle es sich aber nicht nehmen lassen, meinem guten Freund eine dicke Umarmung zuzusenden, gefolgt den Worten: „Es werde alles gut werden." Dieses Video streamte ich über die bekannten sozialen Plattformen in die ganze Welt hinaus. Ein Zeichen für Andre, damit er verstand, er war nicht alleine, man stand ihm zur Seite. Nur kurze Zeit später ereilte uns die Nachricht, das Bud Spencer leider verstorben war.

Ich war gerade wieder auf dem Weg „der Alte" zu werden, als sich die Beistandspflegerin meiner Kinder meldete. Sie suchte mich auf, um sich meine Seite der Geschichte schildern zu lassen. Doch was tat diese Frau? Sie lachte mich aus – unglaublich. Einmal mehr gab man mir unmissverständlich zu verstehen, meinen Aussagen keinen Glauben zu schenken. Sie müsse nun erst einmal Rücksprache mit meiner Ex-Frau halten. War sie dazu überhaupt berechtigt und was bewegte sie dazu dies zu tun? Sie meinte, klar darf ich das. Ich glaube ihnen nun mal nicht. Warum nur stieß ich immer auf solche Menschen? Warum schenkte mir niemand Glauben? Ich bin ein liebender Vater, der nur seine Kinder wieder um sich herum haben möchte.

Dem Ganzen war ein Schreiben der Polizei vorausgegangen. Eine Anzeige, schon wieder. Der Albtraum nahm einfach kein Ende. Man warf mir dieses mal doch tatsächlich Totschlag und Kindesentführung vor. Dies konnte ich einfach nicht nachvollziehen. Ich stellte mir die Frage, was nun schon wieder, zum Teufel, in meine ehemalige Lebensgefährtin gefahren war. Wie konnte sie nur mit diesen Anschuldigungen, um die Ecke kommen? Was veranlasst diese Frau zu einer solchen Vorgehensweise? Natürlich war auch diese Thematik zur Sprache gekommen, als ich den Besuch der Beistandsrednerin gehabt hatte. Diese hatte die Informationen nur kommentarlos zur Kenntnis genommen.

Ich übergab die Angelegenheit meinem Rechtsbeistand, in der Hoffnung schnellstmöglich eine Klärung herbeizurufen. Er bot mir gegen eine Direktzahlung seine Hilfe an. Dem kam ich nach, ich brauchte dringend Unterstützung. Lange Rede, kurzer Sinn, er erwirkte zeitnah eine Einstellung des Verfahrens. Wegen Mangel an Beweisen, hieß es. Ein fader Beigeschmack sollte dem anhaften bleiben.

Wieso nur musste es soweit kommen? Wie war es möglich, ohne einen Ansatz an Beweisen, eine Ermittlung anzustreben? Reichte es heutzutage schon aus, einfach nur Lügen zu verbreiten? War so etwas nicht strafbar? Was trieb die Frau, die ich einst einmal geliebt hatte, dazu an? Wollte sie mich ins Gefängnis bringen? Wollte sie mich komplett demontieren? Was soll ich den getan haben, um so behandelt zu werden?

In dieser Zeit beschuldigte man mich zum ersten Mal des Stalkings. Es hieß, ich würde meinen Kindern nachstellen. Diese Vorwürfe schossen mich dermaßen aus der Bahn, dass ich mich bei einem Booking, bei der wXw, bei dem größten europäischen Turnier, bei der ich zwei Shows moderieren sollte, nicht richtig konzentrieren konnte. Ich war einfach nicht ich selbst. Ich hatte Aussetzer und verpasste meine Anmoderationen. Dies sollte mir zum Verhängnis werden. Die Promoter waren verständlicherweise unzufrieden mit meiner Arbeit. Sie kannten die Hintergründe ja nicht. Ich konnte niemanden als mir selbst die Schuld für diese Vorkommnisse geben. Es wäre meine Aufgabe gewesen, im Vorfeld mit den

Verantwortlichen zu sprechen und gegebenenfalls ab-zusagen, da ich mit anderen Dingen beschäftigt gewesen war. Dies hielt ich für unprofessionell. Ich wollte meinen Job durchziehen. Im Nachhinein erwies sich das Ganze als fataler Fehler. Nun war ich unprofessionell gewesen. Ich hatte es verbockt. Der Shitstorm folgte auf dem Fuße. Was über mich gesagt und geschrieben wurde, schockierte mich in keinster Weise. Ich hatte die negative Meinung, die einige schon im Vorfeld über mich hatten, nur gefestigt. Ich versuchte, die Sache sportlich zu nehmen. Unweigerlich kam mir der Gedanke, wie diese Menschen reagiert hätten, hätten sie die Umstände gekannt, die zu meinem Versagen geführt hatten. Sie wussten nicht womit ich den letzten Jahren zu kämpfen hatte. Hätten Sie anders reagiert? Würden Sie sich trotzdem so abfällig über mich auslassen? Ich entschied mich dazu, dieses Mal nicht auf den Zug aufzuspringen und mich runter ziehen zu lassen. Ich blieb standhaft, die Vergangenheit hatte mich gestärkt.

Es folgte der Tag, als das vom Gericht in Auftrag gegebene psychologische Gutachten von mir, erstellt werden sollte. Also erhielt ich Besuch. Ein Psychologe gesellte sich zu mir an den Tisch. Ich hatte dieser Prozedur vor Gericht zugestimmt, dem zu Folge hieß es jetzt, Rede und Antwort stehen. Ich hätte alles getan, was mir Helfen würde, mich meinen Kinder wieder näher zu bringen. Zu Beginn wurde meine derzeitige Wohnsituation kritisch unter die Lupe genommen. Mir war es mit viel Mühe und Verzicht gelungen, Anfang des Jahres 2016, mir meine eigenen vier Wände, zu erarbeiten und liebevoll einzurichten. Dann wiederholte sich einmal mehr die Bitte, meine Geschichte zu erzählen. Erneut schilderte ich alles, was sich in den letzten Wochen und Monaten in meinem Leben ereignet hatte. Zum ersten Mal kam mir das Gefühl, es gäbe jemanden, der mir Verständnis gegenüber brachte. Ein Hoffnungsschimmer leuchtete auf. War es dieser Mann, der mir den Weg bereiten würde, mein Ziel zu erreichen? Würde er mir eine Stütze sein, mein eigen Fleisch und Blut wieder in die Arme schließen zu können?

Zum Abschluss dieses Termins wurde mir mitgeteilt, es sei ein Mediationsgespräch anberaumt worden, welches in seinen Räumlichkeiten stattfinden würde. Er bestand darauf, beide Elternteile anwesend haben zu wollen. Ich gab ihm meine Zustimmung, nicht ohne zu betonen, wie gerne ich daran teilnehmen möchte. Ich sah es als Chance, endlich einmal eine Aussprache mit der Frau haben zu können, die so viele falsche und bösartige Anschuldigungen, gegen mich in die Welt gebracht hatte. Ich hoffte, endlich auf einen gemeinsamen, friedlichen Nenner kommen zu können und eine Lösung der Gesamtsituation herbeizuführen.

Abseits all dieser Konflikte, mauserte ich mich in meiner Karriere als Ringsprecher. Die Anzahl der Buchungen stieg rasant an. Ich hatte eine große Freude, an der Ausführung dieser Tätigkeit. Der Hauptgrund aus dem ich dieser Berufung nachging, war es von meinem Umfeld wahrgenommen zu werden. Der Hauptaugenmerk dabei, lag wie immer, bei meinen Kindern. Ich sah es als ein Ventil, welches es mir ermöglichen konnte, das sie die Aufnahmen online anschauen konnten. So konnte sie ihren Vater sehen, wann immer sie dies wollten. Wenn ich ihnen schon nicht nahe seien konnte, gab es wenigstens die Videos.

Natürlich traf ich dabei nicht nur auf Menschen, die mir freundlich gesinnt waren. Es gab auch diejenigen, die über mich herzogen und versuchten mich zu verletzen, wo es mich am meisten traf. Sie ahnen es, meine Kinder. Der damit verbundene Shitstorm, der über mir zusammenbrach, führte bei mir erneut zu einer Depression. Machtlos sich dem ganzen aus eigener Kraft entgegen zu stellen, wollte ich resignieren, aufgeben. Gar nichts mehr tun. Es gab tatsächlich Menschen, die Nichts besseres mit ihrer Zeit anzufangen wussten, als Fake-Accounts zu eröffnen. Das alles nur mit dem Ziel, durch die Anonymität im Netz, über mich herziehen zu können. Wäre die Angelegenheit nicht so traurig, würde es mich wohl amüsieren. Diese Leute hatten eindeutig zu viel freie Zeit.

Ich konzentrierte mich jedoch einfach auf meinen Hauptjob als Verkäufer und versuchte professionell, dass mir bestmögliche aus der Situation zu machen.
Mit dem Thema Ringsprecher hatte ich nach allem was passiert war eigentlich schon abgeschlossen. Auf dem Rückweg eines Bookings in Leipzig wurde ich von

Peter Piplak angerufen. Da das Telefonieren am Steuer verboten ist, konnte ich den Anruf nicht entgegennehmen. Bei einem flüchtigen Blick auf mein Handy etwas später, stellte ich fest, das Herr Piplak sehr daran interessiert zu seien schien, mit mir in Kontakt zu treten. Ich hatte im Zeitraum von einer knappen halben Stunde, sechs eingehende Anrufe verpasst.

Peter hatte ich in Dortmund kennengelernt. Er ist der Promoter der IPW (Independend Pro Wrestling). Am Abend fand ich endlich die Gelegenheit, ihn zurück zu rufen. Er erkundigte sich, ob ich am folgenden Tag, den 12.11.2016, freie Zeit zur Verfügung hätte. Unmotiviert erwähnte ich, gerade erst aus Leipzig zurückgekehrt zu sein. Daraufhin wiederholte er seine Anfrage, ob ich morgen, am Samstag, schon etwas zu erledigen hätte. Ich verneinte dies, mit der Aussage frei zu haben und etwas mit meiner süßen Freundin, die ich kurz vor meinem ersten Booking bei der G.W.F kennen gelernt hatte ,unternehmen zu wollen. Sie ist eine sehr gesellige Person, die mich auf Anhieb verstand und es schaffte mir Kraft zu spenden, egal wie schwer es in einer Situation für uns war. Als ich am Boden angekommen war, half sie mir unermüdlich zurück auf die Beine. Dafür bin ich ihr bis heute, aus tiefstem Herzen dankbar.

Peter erkundigte sich vehement, ob ich nicht doch die Chance sähe, nach Lübeck zu kommen. Ihm habe sein Ringsprecher abgesagt. Wütend wollte ich wissen, ob dies sein ernst wäre. Gelassen kam die Antwort aus seiner Richtung. Klaro, komm morgen nach Lübeck. Ich hatte keine Lust. Ich verkündete ihm meinen Rücktritt als Announcer. „Das nehme ich nicht wortlos so hin, das akzeptiere ich nicht" schallte es mir entgegen. Damit endete diese Konversation.

Den Abend verbrachte ich in Gedanken versunken. Das vergangene Gespräch spuckte mir im Kopf. Sollte ich das Angebot nicht doch wahrnehmen? In einer Blitzentscheidung entschied ich mich dafür. Mein Unterbewusstsein hatte die Entscheidung schon längst getroffen, es dauerte nur bis ich mir dies eingestehen wollte. Zu gerne machte ich das alles. Es war zu einem Teil von mir geworden. Es rief nach mir. Ich meldete mich bei Peter um ihn meinen Sinneswandel mitzuteilen.

Alleine begab ich mich am 12.11.2016 zum Veranstaltungsort. Im Gepäck den Gedanken, wieder auf Leute treffen zu können, die mir den Job neideten und versuchen könnten, mich aus der Halle zu buhen. Nicht umsonst hatte ich den Job an den Nagel hängen wollen. Ich hatte den erlittenen Shitstorm nicht vergessen. Jetzt war ich aber da und würde es durchziehen, mir nichts anmerken lassen. Wahrscheinlich würden sich meine Ängste als grundlos herausstellen. Es gab keine Anzeichen, dass sich die Angelegenheit wiederholen würde, aber ich war ein gebranntes Kind. An der Halle angekommen empfingen mich Peter und sein Team. Routinemäßig stellte ich mich vor und begrüßte jeden einzelnd, so wie es sich für mich der Anstand gebot. Ich lernte viele neue Gesichter kennen. Was ich vor Ort geboten bekam, faszinierte mich. Die Professionalität mit der vorgegangen wurde überwältigte mich. Alles funktionierte Hand in Hand.

Bei dieser Show gewann ich in Peter einen guten und großen Freund, was nicht nur seiner Statur zu verschulden war, sondern auch seinem großen Herzen. Er wusste, wie es in mir aussah, hatte er selbst schon ähnliches durchstehen müssen. Bis heute kann er sich meiner Dankbarkeit gewiss sein, nicht nur weil er bei Fragen immer ein offenes Ohr für mich übrig hatte und mir helfend zur Seite stand, sondern auch weil er verhinderte, dass ich zurück trat.

Mit der Zeit intensivierten sich Freundschaften, während andere Kontakte aus verschiedensten Gründen abbrachen. So ist nun mal der Lauf der Dinge. Wenn mir jemand mitteilt, er umgäbe sich nur mit Menschen, die seiner Karriere förderlich seien, hatten diese keinen Platz in meinem Leben. Dies wollte ich nicht unterstützen.

Ich war so stolz, als mir Peter die Chance gab bei dem größten Event PW auftreten zu dürfen. Er brauchte mich als Ringsprecher für die Veranstaltung in der Freilichtbühne in Lübeck. Dieser Event war mit über 1200 begeisterten Fans gut besucht. An diesem Tag leitete ich nicht nur durch das größte Event, dem ich je beigewohnt habe. Es war auch der Geburtstag von meinem Sohn Noah. Nach Absprache mit Peter, durfte ich ihm, vor vollem Haus, meine Liebe zum Ausdruck bringen und ihm alles erdenklich Liebe und Gute zum Geburtstag wünschen. Das ist einer dieser Tage die ich nie in meinem Leben vergessen werde.

Wo wir gerade bei intensiven Freundschaften sind, darf ich Jack Anderson nicht unerwähnt lassen. Ihn lernte ich bei einer C.O.W Veranstaltung kennen. Er betonte immer, er schätze meine Professionalität, aber meine menschliche Seite noch viel mehr. Er lies keine Gelegenheit aus zu erwähnen wie herzlich und respektvoll ich sei. Auch mit ihm konnte ich immer reden und private Dinge ausdiskutieren.

Eines Tages sprachen wir, also Jack und ich, über einen Leitspruch, den ich während meiner Auftritte als Announcer verwenden könnte. Ich wollte etwas mit Wiedererkennungswert. Einen Satz, der nur mir gehörte, mit dem ich mich den Promotern, Sportlern und auch Fans in Verbindung bringen konnte. Vorbild hinter dieser Idee, ein sehr berühmter Ringsprecher im Boxsport. Sie wissen, wen ich meine, oder? Nach einem intensiven Brainstorming, war es Jack, der den zündenden Satz fallen ließ: **BE A VOICE NOT AN ECHO.** Er verhalf mir zur Geburtsstunde meines Leitsatzes. Danke dir Jack.

Ich verband diesen Satz mit meinem eigenen Leben. Dies ermöglichte mir, die Catchphrase glaubwürdig zu vertreten. Für mich war dieser Satz gleichzustellen mit: Hör auf deine eigene Stimme und folge nicht der Masse oder sei du selbst und bilde dir deine eigene Meinung.

Seit diesem Tag beendete ich jeden meiner Auftritte mit den Worten: Be a Voice not an Echo und verabschiedete damit die Fans in den restlichen Abend.

Während der Phasen, in denen ich viel gebucht wurde, verfiel ich einem Höhenflug. Ich wurde als arrogant betitelt oder eingebildet, sogar von Personen, die mich noch nie persönlich angetroffen hatten. Ich konnte es ihnen zu diesem Zeitpunkt nicht verübeln. Aus Selbstschutz zog ich eine virtuelle, fensterlose Mauer um mich. Abgesehen von meinen innigsten Vertrauten, erlaubte ich niemanden einen Einblick in mein Seelenleben.

Abseits des Wrestlingbusiness stellt ich mich unermüdlich dem Kampf um meine Nachkommen. Ich suchte erneut das Gespräch mit dem Jugendamt. Zum ersten Mal seit einer gefühlten Ewigkeit hatte ich die Empfindung, nicht auf taube Ohren zu stoßen. Ich glaubte endlich jemand gefunden zu haben, der auf meiner Seite stand. Das für mich unmöglich Geglaubte traf ein. Das Jugendamt entschuldigte sich bei mir und betonte, dass das Bild, das man sich von mir gemacht hatte, wohl einer Fehlinterpretation zu verschulden gewesen sei und man mich nun mit anderen Augen sehen würde.

War es denn die Möglichkeit, sollte das Blatt sich wenden? Man schilderte mir erkannt zu haben, es sei die Kindesmutter die keine Bemühungen auslassen würde, mir jeden erdenklichen Stein in den Weg zu legen, um mir die Wiedervereinigung mit meinen Kindern zu erschweren. Des weiteren habe man davon

Notiz genommen, das sie gesetzte Termine nicht wahrgenommen habe und der Bitte auf Rückrufe nicht nachgekommen sei. Ein derartiges Verhalten würde man nicht dulden. Dies klang für mich erst mal positiv. Zu gut um wahr zu sein. Ich sollte mit der Befürchtung nicht falsch liegen. Die Schattenseite sollte folgen. Im selben Gespräch kam man auf die Anzeige zurück, die mich des Mordversuches und der Kindesentführung bezichtigt hatte. Die Dame durchbohrte mich regelrecht mit Fragen zu dieser Angelegenheit, welches in meinen Augen schon zu den Akten gelegt worden war. Ich wollte diese schwere Zeit vergessen, doch dies wollte man mir wohl nicht zugestehen. Die Anklage war doch fallen gelassen worden. Ich wollte nicht mehr darüber sprechen. Zu schmerzlich waren die Erinnerungen.

Hatte ich nicht genug gelitten? Unter großer Anstrengung stellte ich mich der Thematik. Und wirklich, das Blatt wendete sich. Was war ich erleichtert. So hart es für mich gewesen war erneut über das Geschehen sprechen zu müssen, hatte es sich für mich ausgezahlt. Endlich. Das Jugendamt schenkte meiner Ex-Frau keinen Glauben mehr. Als ich dies hörte, wurde mir ganz warm ums Herz und alle Dämme brachen in sich zusammen. Ich war in Tränen aufgelöst. Endlich einmal wurde ich gehört.

Ich war gedanklich auf einem guten Weg, sah wieder positiver in die Zukunft. Ich hatte treue und gute Freunde an meiner Seite, die stetig bemüht waren, mich von meinem Kummer abzulenken. Diesen Menschen, die in der schweren, dunkelsten Zeit meines Lebens zu mir gestanden hatten, verdanke ich mein Leben. Sie gaben mir den Halt und die Kraft, niemals aufzugeben.

Da dies mein Buch ist, nutze ich hier die Gelegenheit mich namentlich bei Ihnen zu bedanken. Also DANKE: Jack Anderson, Andre Trucker, Robin Hamann, Peter Piplak und Michael Hoss. Ihr wart immer für mich da. Extra betonen möchte ich auch meine Herzensdame, meine Vertraute, die mich unermüdlich unterstützt. Mich immer auffängt, wenn es mir schlecht geht oder mal wieder negative Nachrichten ins Haus flattern.

Nachdem ich endlich mal positiv bestärkt worden war, nahm ich zur Schule meiner Kinder Kontakt auf, um mich über ihre Leistungen zu erkundigen. Erschrocken musste ich die Neuigkeiten entgegennehmen, dass mein Ex, die Kinder von der Schule abgemeldet hatte. Natürlich ohne Rücksprache mit mir gehalten zu haben. Dies traf mich tief ins Herz. Diese Ungewissheit, nicht zu wissen, wo sich meine drei Engel zur Zeit aufhielten. Die elterliche Sorge bzw. das Umgangsrecht verlief ja nach wie vor nicht in geordneten Bahnen, so war es mir unmöglich diesbezüglich an Informationen zu gelangen.

Der einzige Trost in diesem niederschmetternden Moment, war die Tatsache, das ein erneuter Prozess für die Regelung des Umgangsrecht, kurz bevorstand.
An diesem Datum kam dann auch das vom Gericht in Auftrag gegebene psychologische Gutachten über mich, zum ersten Mal zur Sprache. Positiv sah ich dem entgegen, hatte ich doch das Gefühl bei der Erstellung gehabt, es würde mich in ein positives Licht rücken und könne nur zu meinen Gunsten ausgefallen sein. Ihr könnt euch gar nicht vorstellen, was in mir vorging, als

der Psychologe angab, meine Psyche sei zu instabil, um einen Umgang mit meinen Nachkommen guten Gewissens zuzulassen. Ich sei dazu noch nicht bereit. Sprachlos sank ich tiefer in meinen Stuhl, unfähig auf das Gehörte zu reagieren. Es zog mir bildlich die Schuhe aus. Meine Empfindung diesem Menschen gegenüber hatte mich betrogen. Mir war nicht begreiflich, wie er so etwas hatte schreiben können. Er hatte mich doch nur einmal gesehen. Wie konnte er sich so ein vernichtendes Urteil über mich bilden?

Das Gericht kam zu dem Entschluss, dass aufgrund der Aussage des Sachverständigen und der immer wieder auftretenden Anschuldigungen (Verleumdungen aus meiner Sicht), er es für das Beste für meine beiden Söhne halte, weiterhin den Kontakt zu mir zu unterbinden. Was meine Tochter anging, wurde mir ein Umgangsrecht gewährt. Ein Minimalerfolg. Klar freute ich mich, aber es war nicht zu dem Ergebnis gekommen, welches ich mir erhofft hatte. Nachvollziehbar war das Ganze für mich nicht. Wie konnte so unterschiedlich bewertet werden? Die Tochter ja, die Söhne nein! Den weiteren Ausführungen konnte ich nur mit großer Anstrengung folgen, drifteten meine Gedanken immer wieder auf Abwege. Man räumte mir zeitnah einen Besuchstermin mit meiner Desiree ein, der jedoch im Beisein einer Umgangsverwalterin stattfinden sollte. An Ermangelung einer Alternative, stimmte ich dieser Prozedur zu. Leicht fiel mir dies nicht. Die Aussicht jedoch wenigstens eines meiner geliebten Kinder wiederzusehen, überwog die Enttäuschung, die sich in mir zusammengebraut hatte. Was das Sorgerecht anging, entschied man, das es bei beiden Elternteilen bleiben würde. Ein weiterer kleiner Hoffnungsschimmer tat sich am Horizont auf. Nun war die Mutter meiner Kinder gezwungen, mich in jede Entscheidung, die diese betrafen, mit einzubinden. So blieb mir die Möglichkeit zur Entwicklung und Erziehung meiner drei beizutragen.

Die erste Begegnung mit der Umgangspflegerin verlief überraschend positiv. Die Dame des Jugendamtes machte ihren Job sehr gut. Sie war anfangs stets bemüht, schnell ein Treffen zwischen Desiree und mir zu erwirken. Zuerst wollte sie sich einmal mit mir alleine treffen, um die Chance zu erhalten, sich ein Bild von mir zu machen. Dieser Termin verlief reibungslos.

Danach hörte ich über Wochen nichts mehr von ihr, was mich verwunderte. Ich ergriff die Initiative und griff zum Telefon. Es juckte mir in den Finger, zu wissen, warum es zu dieser Verzögerung kam. Ich erfuhr, dass sie vergeblich versuchte, mit der Kindesmutter in Kontakt zu treten. Diese blockte jedoch alle Bemühungen ab und ignorierte die Dame komplett. Es wäre ihr bedauernswerter Weise nicht möglich etwas an der Situation zu ändern, hieß es am anderen Ende der Leitung.

Ein neuer monatelang anhaltender Kampf begann, bis ich meine Tochter endlich in den Armen halten konnte. Doch es sollte sich alles lohnen. Als es schließlich zum Treffen kam, entstand ein Augenblick, den ich nie im Leben wieder vergessen werde. Zum ersten Mal seit einer Ewigkeit, erblickte ich das schönste Mädchen auf Erden. Die Sonne ging vor mir auf. Für Desiree muss es wie im Krimi abgelaufen sei. Als man sie in den Raum brachte, indem sie auf mich treffen sollte, wurde sie gleich in der Obhut von fünf Leuten hergeführt.

Keiner von ihnen wollte ihr von der Seite weichen. Glücklicherweise beendete die Jugendamtsmitarbeiterin dieses Szenario. Nachdem sie sich bei mir vergewissert hatte, ob die Anwesenheit meiner Ex-Frau für mich in Ordnung sei, führte sie uns vier in ein separates Zimmer. Mir war alles egal, es war nur wichtig bei meiner Tochter zu sein und Zeit mit ihr verbringen zu können.

Gefolgt von wachsam auf uns ruhenden Augen des Beistandes, genossen wir jede Sekunde und spielten und lachten gemeinsam. Sie war es auch, die sich mit der Kindsmutter unterhielt. Wahrscheinlich um mir den Raum zu geben, mich ungestört mit Desiree beschäftigen zu können. Kurze 45 Minuten später wurde meine Ex für eine Weile aus dem Raum gebeten. So sollte es mir ermöglicht werden, wirklich alleine Zeit mit meinem Sonnenschein zu haben. Zuerst wollte die Mama sich bei der Kleinen erkundigen, ob sie sie mit mir alleine lassen könnte,sie käme ja bald wieder. Verunsichert von der Gesamtsituation, der die Kleine sich ausgesetzt sah, bat sie die Mutter zu bleiben. Zu meiner Verwunderung verließ sie trotzdem das Zimmer. Desiree benötigte nur einen kleinen Moment, um sich an die neue, ungewohnte Situation zu gewöhnen und wir nahmen unser Spiel wieder auf. Stolz verfolgte ich jede ihrer Bewegungen. Ich wollte nichts verpassen. Zu viel Zeit war schon vergangen, in der sie gewachsen war. Wie viele Momente in ihrem Leben hatte ich schon versäumt? Nur eine Stunde, die viel zu schnell verging, gönnte man mir. Man müsse noch zu weiteren Verabredungen, verlautete meine ehemalige Lebensgefährtin. Daraufhin endete die gemeinsame Zeit, die mir für einen kurzen Moment, so viel Freude in mein Leben gebracht hatte.

Für viele Väter, die sich mit der Situation identifizieren können, wäre es möglicherweise der Augenblick gewesen, geknickt zurückzubleiben. So nicht in meinem Fall. Mit dem freudigen Gedanke, eine der schönsten Stunden seit der Geburt meiner Lieben, geschenkt bekommen zu haben, verließ ich das Gebäude. Es war einfach nur ein erhebendes Gefühl, meiner Tochter in die Augen gesehen und sie in meiner Nähe gehabt zu haben.

Auf der Heimreise erhielt ich einen Anruf von Tassilo Jung. Er bot an, am kommenden Wochenende für die wXw(Westside Extreme Wrestling), eine **DER** größten Wrestlingligen Europas, zu arbeiten. Im Verlauf dieses Telefonats wurde mir klar, dass man mich dort aufbauen wollte. Da es dem Hauptringsprecher nicht möglich war, zu jeder Veranstaltung anzureisen, schaute man sich gerade nach einem Ersatz bzw. einem Zweitredner um. Mir war direkt klar, ich würde dort nur die zweite Geige spielen, eine Tatsache mit der ich bestens leben konnte. Ich hatte einfach viel zu viel Freude an diesem Job,als das ich mir diese Gelegenheit entgehen lassen würde. Tassilo lud mich zu einer Academyshow in Essen ein. Das Event fand im Aufbau- und Trainingszentrum der wXw statt. Dabei handelt es sich um eine Schule, in der Nachwuchstalente ausgebildet werden. Hier lernte ich zum ersten Mal was Zusammenhalt, außerhalb der Familie, bedeutete. Wirklich jeder packte mit an, ob es hieß den Ring ab- oder aufzubauen, Ordnung im Transporter zu halten oder auch mal den Besen zu schwingen. Während ich dort performte, sah mir der ehemalige Geschäftsführer Christian Michael Jakobi

(C.M.J) zu. Am Ende des Spektakels verließ die Crew geschlossen die Halle. Es folgten ein paar stille Tage, dann trudelte die nächste Anfrage ein. Man wollte, dass ich das Programm durch die Abende in Ilseburg und Magdeburg führte. Da ich mich sehr darüber freute, sagte ich glücklich zu.

Hier traf ich zum ersten Mal außerhalb eines Wrestlingrings auf Bad Bones John Klinger, Andreas Ullmann, besser bekannt als der Adler oder Veteran der wXw, Absolut Andy und Walter, dem Ringgeneral und Anführer der Gruppierung Ringkampf. (So ihre Ringnamen) Sie agierten zu diesem Zeitpunkt gemeinsam als Backstage–Koordinatoren.

Andi war es, der mich zur Seite nahm, um sich mein Programm anzuhören, damit er sich einen Einblick darüber verschaffen konnte, wie ich vorgehen wollte. Ich beantwortete ihm alle Fragen, insbesondere was die Betonung meiner Sätze anging. Ehrlich interessiert folgte er meinen Ausführungen. Er nahm sich die Zeit, dass komplette Programm mit mir durchzugehen. Von diesem Tag an, konnte ich jederzeit mit der vollen

Unterstützung des Veteranen rechnen und mit jedem noch so kleinen Anliegen zu ihm kommen. Er bot mir immer ein offenes Ohr und ich erhielt ein ehrlich gemeintes Feedback. Danke Andi, für eine bis heute anhaltende Freundschaft, die mir wirklich viel bedeutet.

Was Walter angeht, müsst ihr euch vorstellen, dass er über 1,90m groß ist und dementsprechend breit. Auf gut deutsch ich kann mich hinter ihn verstecken, ohne dass man mich sieht und das nur an einem Bein hahaha. Aber mal ernsthaft, Walter war auch einer der Personen, die sich immer mit mir unterhielten. Ich erinnere mich ganz genau an den Rückweg einer Wochenendtour wieder Richtung Ruhrgebiet. Wir fuhren gemeinsam in einem kleinen Bus: Dabei muss ich gestehen, dass sich in der Zeit, in der ich mit der wXw getourt bin, sich auf der Fahrt, kaum jemand mit mir unterhalten hatte. Das war aber mit Walter anders. Er fragte mich, wie es mir ginge, was ich von der wXw halte, was mein Ziel ist und wie man über die wXw bei anderen Ligen so denken würde. Ich war ehrlich gesagt ein wenig überrascht, als der große Walter sich mit mir unterhielt. Es war das erste Mal, dass sich jemand so intensiv mit mir unterhalten hatte, und ich das Gespräch aus Scham immer versuchte sehr kurz zu halten. Aber dieser Typ, ist einer dieser Menschen, die einen sofort begrüßen, wenn man sich über den Weg läuft. Es gibt natürlich auch eine lustige Geschichte mit ihm:

Ich bereitete meine Moderationskarten in einer kleinen, stillen, beleuchteten Ecke vor. Auf einmal wurde es recht dunkel und ich dachte laut, weil ich ja alleine war, wer zum Teufel hat das Licht ausgemacht? Ich drehte mich um und sah einen lachenden Walter vor mir stehen. Mein Blick muss wahrscheinlich unbezahlbar gewesen sein.

Als der erste Teil der wXw-Tour absolviert war, stand ein weiteres Treffen mit Desiree an. Ich begab mich zum Jugendamt. Gemeinsam mit einer Mitarbeiterin des Jugendamtes wartet ich auf das Eintreffen meiner Ex-Frau und meiner Tochter. Selbst zehn Minuten nach der vereinbarten Zeit fehlte von den beiden jede Spur. Daraufhin wurde versucht, telefonisch mit der

Kindesmutter ins Gespräch zu kommen. Es war ihr neuer Lebensgefährte der den Anruf entgegennahm. Er gab an, dass die beiden sich nicht zu Hause aufhalten würden. Sie wären gerade bei einem Termin mit einem Rechtsanwalt, um eine einstweilige Verfügung einzuholen, die meine Treffen mit meiner Tochter untersagen sollten. Als er diese Neuigkeiten losgeworden war, beendete er das Gespräch. Eigentlich hätte ich mir die nachfolgende Frage sparen können, war die Antwort doch offensichtlich. Ich stelle sie trotzdem. Betroffen und verärgert erkundigte ich mich, war meine Anreise vergeblich gewesen? Ein zaghaftes Nicken der Umgangspflegerin bestätigte meinen Verdacht. Es tut mir leid, sprach sie mir leise zu. Ich kann leider nichts für sie tun. Das half mir nicht weiter. Über die Autobahn fuhr ich zum Wohnort meiner Ex. Ihr Fahrzeug stand in der Einfahrt und mir wurde klar, hier waren im Telefonat falsche Angaben gemacht worden. Wut stieg in mir hoch. Dies konnte und wollte ich nicht auf mir sitzen lassen. Ich erbat mir Hilfe von Seiten des Jugendamtes. Ich wollte in Erfahrung bringen, welche Schritte nun unternommen werden konnten. Man riet mir, mich ans Gericht zu wenden, damit dieses eine Entscheidung treffen könne, wie man darauf reagieren wolle. Hilfesuchend wendete ich mich an meinen Anwalt. Ich wollte mit allen Mitteln mein Recht auf Umgang mit meiner Kleinen erzwingen.

Zurückgefallen in ein tiefes Loch, versuchten meine Freunde alles, um mich aufzufangen und aufzuheitern. Ich probierte es auf jede erdenkliche Weise, mich abzulenken. Ich wollte raus aus dem Tief, wieder aktiv am Leben teil haben. Es kam mir dabei sehr gelegen, als die P.O.W(Power of Wrestling) meine Dienste anfragte. Chris „The BambiKiller Raaber" engagierte mich für eine Show in Bremen ,am 06.05.2017, im Pier 2. Vor Ort lernte ich den Präsidenten Jörg Vespermann und seine Crew kennen. Diese Liga war auf das pure Wrestling ausgerichtet, es gab keine großen Entertainingeinlagen oder Live-Interviews. Der Sport lag im alleinigen Fokus. Es war Premierenabend der Promotion in Bremen. Es sollte ein denkwürdiger Abend werden. Zum ersten Mal in der Geschichte des europäischen Wrestlings, hielt der Ring den Aktionen nicht stand und brach unter der Belastung zusammen. An diesem spektakulären Ereignis beteiligt, waren

Johnny Moss, Demolition Davis und El Hijo de Dos Caras, die den Hauptkampf des Abends bestritten. Sie alle versuchten, ernst zu bleiben und bemühten sich, das Match schnellst möglichst und glaubwürdig zu beenden. Ein unvergesslicher Moment für jeden Anwesenden. Diese Szenerie wird mittlerweile, wenn auch sehr selten, von vereinzelten Ligen, absichtlich herbeigeführt, um eine Geschichte dramatischer oder spektakulärer Erscheinen zu lassen. Bei uns geschah es einfach, ungeplant und aus dem Nichts. Ein Bild für die Götter.

Nach der Veranstaltung scherzte ich noch: Bremen sei schon ein hartes Pflaster, aber so hart? Anfänglich hielt ich es ja auch für eine Showeinlage, aber als mein Blick den der Verantwortlichen streifte, war sofort klar, dass dem nicht so gewesen war. Wie erwähnt ein denkwürdiger Abend, dem ich beiwohnen durfte.

Neben Jörg lernte ich auch meinen italienischen Landsmann Fabio Ferrari kennen. Genau ihr habt richtig gelesen: Ferrari! In seinem Charakter gab er an, ein Nachkömmling der Familie Ferrari zu sein. Am

Anfang dachte ich mir, wie kommt man nur auf so einen Namen? Nachdem wir uns gut kennenlernten, erfuhr ich, dass es sich tatsächlich um seinen Namen handelte. Er heißt wirklich Fabio Ferrari. Wir haben immer noch einen sehr guten Draht zueinander. Unsere Unterhaltungen beginnen und enden mit einer Beleidigung. Jedoch respektieren wir uns sehr.

Nun war es nicht mehr weit hin. Der Scheidungstermin stand an. Um mich davor noch etwas entspannen zu können, erlaubte ich mir den Luxus, für einige Tage in den Urlaub zu verschwinden. Ich überraschte meine Freundin mit Flugtickets nach Italien. Fünf Tage um sorgenfrei die Seele baumeln zu lassen und abzuschalten. Es war schön zurück im Heimatland zu sein. Ich nutzte die Gelegenheit, meine dort ansässigen Verwandten zu besuchen. Des weiteren verbrachte ich viel Zeit am Meer, betrachte die Brandung und versank in Gedanken. Wie alles Schöne im Leben verging die Auszeit viel zu schnell.

Kaum zurück im Alltag angekommen stand sie nun an. Die Scheidung. Ich betrat das Gerichtsgebäude. Mich erwartete ein kalter, leerer Raum. Ich sollte mich dort nicht lange Aufhalten, nach wenigen Minuten war ich ein freier Mann. Es war reiner Tisch gemacht worden. Ich wollte das es friedlich endet. Leider nur ich. Meine jetzt offizielle Ex-Frau schmetterte mir jedoch, die abstrusesten Beschuldigungen entgegen. Was bezweckte sie damit, wollte sie mich demütigen? Bis heute kann ich mir darauf keinen Reim machen. Ich ließ mich auf keine Diskussion ein und verließ, mit einem Lächeln auf dem Gesicht, die Räumlichkeiten. Meine ehelichen Pflichten waren Geschichte. Nun konnte ich wieder sagen, ich bin mein eigener Herr. Erst jetzt bemerkte ich, wie viel mir dies bedeutete. Es war als hätte man mir eine zentnerschwere Last von den Schultern genommen. Da ich keinen Alkohol konsumiere, stieß ich mit einem Glas Cola auf meine wiedererlangte Freiheit an.

Gerichtlich war veranlasst worden , dass meine Ex-Frau mir halbjährlich Lichtbilder meiner drei Kinder, sowie einen Entwicklungsbericht und deren Zeugnisse, zukommen lassen musste. Natürlich kam sie dieser Auflage zu keiner Zeit nach. Es lag einmal mehr an mir, mir jegliche Auskunft mühselig zu erkämpfen. Meiner Eigeninitiative verdankte ich, dass ich mit Hilfe der Schule, wenigstens einen Einblick in die Zeugnisse erhalten konnte. Es ist enttäuschend, um solche Selbstverständlichkeiten debattieren zu müssen. Von der Situation gedemütigt, litt ich unter Schlafproblemen. Ich konnte nachts nur schwer in den Schlaf finden und wenn waren sie geprägt von Alpträumen, die mich plagten. Sie ließen mich nassgeschwitzt erwachen und ich fürchtete, ein Magengeschwür erleiden zu können.

Wie gerufen kam da eine Anfrage aus Österreich. Arbeiten war immer schon eine gute Ablenkung gewesen. Franz Lerchbacher buchte mich für seine Show in der Steiermark. Auf dem Trip zu dieser Location begleiteten mich die liebe Lexa Valo und Toby Blunt alias Munticore. Diese folgten, dem in Garbsen schon zugestiegenen, ehemaligen, legendären WWE-TNA Superstar Joe Legend. Die Fahrt war entspannt und wir lachten viel. Irgendwann verkündete Joe: Yo man, it´s powernapping time. Klar mach dir keinen Kopf und hau dich hin, meinte ich nur. Das Radio sollte von diesem Moment an mein bester Freund werden. Lexa und Toby schlossen sich Joe an und schlossen die Augen. Auf halber Strecke erkundigte ich mich, ob jemand eine sanitäre Anlage aufsuchen wolle, erhielt aber keine Reaktion. Die drei schliefen nun seit drei Stunden durch. Ich hielt es trotzdem für einen guten Moment, mal eine Pause einzulegen. Nach einem schönen, heißen Kaffee ging es weiter. On the road again. Nähe der österreichischen Grenze, kam Leben ins Auto. Einer nach dem anderen, erwachte aus seinem Schönheitsschlaf. Mit, it was a good powernap, meldete sich Joe tiefenentspannt zurück. Ist das dein ernst, entfuhr es mir. „Yes"! - war die knappe Antwort die folgte. Nennst du neun Stunden Schlaf noch powernapping? Was denn, mir geht es gut dabei, ging die Konversation weiter. Wir brachen alle in Gelächter aus und begaben uns auf den Endspurt unserer langen Reise. Er ist ein hervorragender Zeitgenosse, einfach ein netter Typ. Ich schloss ihn direkt ins Herz.

Wir bereiteten uns auf die Show vor. Es ging alles reibungslos über die Bühne. Auch an diesem Abend kam ich in den Genuss einer neuen Bekanntschaft. Die österreichische Wrestling-Ikone Franz Schumann wurde mir vorgestellt. Für die unwissenden unter euch, eine kurze Erklärung. Er ist neben Otto Wantz, einer der erfolgreichsten Catcher überhaupt in Österreich. Er wollte zuerst einmal wissen, wer ich überhaupt war. Ich bin der heutige Ringsprecher, erklärte ich. Nee, das kann nicht sein, dafür bist du zu klein, neckte er mich. Selbstbewusst gab ich ihm zu verstehen, dass ich meinen Job gut machte und mir erhoffte ihn davon überzeugen zu können.

Der Abend bot den Zuschauern einige gute Matche. Lexa feierte ihr Debüt im Ring und überzeugte nicht nur mich, bei ihrem Kampf gegen Shanna, auf ganzer Linie. Ihr Talent war unverkennbar.

Nach der Show wollten wir noch After-Show-Party machen und zogen los. Leider musste ich feststellen, dass die Pubs vor Ort, komplett anders waren, als das Bild das man mittlerweile in Deutschland vorfindet. Hier gab es kein Rauchverbot für innen. Außerhalb atmeten wir die frische, klare Luft, doch öffnete man nur die Tür zu einem Pub, kam einem schon der Dunst entgegen. Für mich als Nichtraucher war das Nichts. Ich entschied mich dazu, ins Hotel zurückzukehren.

Schon am frühen morgen des Folgetages sollte die Heimreise erfolgen. Dieses mal bot sich die Gelegenheit, Joe etwas privater kennen zu lernen. Ich erfuhr, dass er selbst liebender Vater von zwei Kinder ist. Dies eröffnete ein sehr intensives Gespräch und wir befanden uns auf einer Wellenlänge. Nach zwei Stunden verkündete Joe, es wäre Zeit für ein Powernapping. Wie auch auf der Hinfahrt schlossen Tobi und Lexa sich ihm an. Schmunzelnd nahm ich die Situation auf und wendete mich an meinen treuen Weggefährten, dem Radio. Als hätte ein Wecker geklingelt, erwachten meine Reisebegleiter fast zeitgleich. Wir waren fast am Ziel des Weges angekommen. War das noch Zufall? Ich glaubte nicht mehr daran.

Zu Hause angekommen, erkundigte ich mich unverzüglich nach den Fortschritten, die man bezüglich des Einhaltens meines Umgangsrechtes mit meiner Tochter erzielt habe. Die ernüchternde Aussage des Jugendamtes folgte auf dem Fuß. Gar nichts! Die Umgangspflegerin habe aber aufgrund der sich nicht ändernden Situation, gefordert einen Richter mit einzubeziehen. Er sollte den Fall prüfen.

Erneut fand ich mich in einem Justizgebäude wieder. Die Gegenseite sprach sich für eine Absetzung der Dame aus, die meine Tochter betreute, da diese in ihren Augen ihren Kompetenzen überschritten hätte. Das alles nur, weil sie in Erwägung gezogen hatte, beim Fernbleiben meiner Ex und meiner Tochter, beim letzten Termin, die Polizei einzuschalten. Damit solle sie Grenzen übertreten haben. Ich hielt das nur für ein Mittel zum Zweck, mir wiederholt Steine in den Weg zulegen. Die Dame konnte sich nicht verteidigen, das sie aufgrund eines Urlaubs nicht zugegen war.

Der Vorsitzende verfügte unverzüglich die Ernennung einer neuen Umgangshelferin für Desiree, die alle Aufgaben übernehmen sollte. Darüber waren mein Anwalt und ich sehr erstaunt. Mein juristischer Beistand, bat höflichst um die Auskunft, wie lange sich diese Prozedur nun schon wieder hinziehen würde, bis ich, sein Mandant, mit einem Wiedersehen mit der Tochter rechnen könnte. Man gab zu Protokoll, dies schnellst möglichst zu verwirklichen. Zähneknirschend nahm ich das Urteil hin. Was sollte ich auch machen?

Was meinen beruflichen Werdegang anging, entwickelte sich alles bestens. Ich hatte mir, insbesondere in Österreich, einen Namen gemacht, so dass auch neue Promoter an mich herantraten. In dieser Zeit entstand ein freundschaftliches Band zwischen Cash Money Erkan, von der UKWA in Graz, und mir. Ihn hatte ich erstmals bei einem Event der GWF gesehen. Da war es noch bei einem oberflächlichen Gespräch geblieben. Beim nächsten Treffen, bei der ROE in Wien, hatten wir ausreichend Zeit uns mal intensiv auszutauschen.

Er lobte meine Arbeit im Ring und betonte mit dieser sehr zufrieden zu sein, auch die Art und Weise, wie ich ihn dem Publikum vorstelle, traf auf seine Zustimmung. Noch heute trifft man sich hin und wieder bei einer Show oder tauscht Neuigkeiten über die sozialen

Netzwerke aus. Ich halte ihn für einen sehr bodenständigen Menschen, der bei vielen allerdings, zu meinem Unverständnis, als arrogant rüber kommt. Ich finde er trägt das Herz am rechten Fleck.

Die neue Betreuung meiner Tochter trat Mitte 2018 ihre Arbeit an. Telefonisch informierte sie mich darüber, sich nun umgehend mit meinem Fall zu beschäftigen, um so schnell wie nur möglich einen Besuchstermin anzusetzen. In meinem naiven, gutmütigen Glauben nahm ich dies dankend zur Kenntnis. Wochen sogar Monate verstrichen und es passierte gar nichts. Ich hielt Rücksprache mit dem Jugendamt. Ich wollte eine Erklärung, warum ich nach wie vor nicht zu meinem Recht kam. Es war nun schon ein langes Jahr her, als ich meine geliebte Tochter das letzte Mal hatte in die Arme schließen dürfen. Man gab nur an, es sei ihnen unmöglich mit der Kindesmutter ins Gespräch zu kommen und die Sache benötige mehr Zeit. Ich erklärte ihr, ich hielte das Ganze für eine Hinhaltetaktik meiner Ex-Lebensgefährtin. Sie tat dies als Nebensächlichkeit ab. Wollte nichts darüber hören. Ich sollte mich gedulden. Es wäre ja Fakt, dass ich mich nun schon seit über vier Jahren als sehr beharrlich erwiesen hätte, da käme es auf einen Tag mehr oder weniger auch nicht mehr an. War es denn die Möglichkeit, die Frau hatte Nerven.

Nicht schon genug gebeutelt vom Leben, ereilte mich die Information, dass es meiner Großmutter, väterlicherseits, nicht gut erginge. Sie hatte schon länger mit gesundheitlichen Problemen zu kämpfen, aber dieses Mal war die Sache ernst. Da ich gerade erst eine neue Arbeitsstelle bei einer Autovermietung angetreten hatte, war es mir nicht möglich, mit zu ihr zu fliegen. Mein Vater trat die Reise nach Italien alleine an.

Am Wochenende führt es mich, wieder in Begleitung der bekannten Leute Richtung Österreich. Es sollte sich das gleiche Bild, wie bei der letzten Fahrt abzeichnen. Alles stand unter dem Zeichen Powernapping. Unter dem Schweigen meiner Mitpassagiere bahnte ich mir mit Hilfe musikalischer Unterlegung, den Weg über die Autobahn. Bei Ankunft vor Ort ereilte mich umgehend die Nachricht vom Tode meiner Großmutter.

In der Halle stehend, dachte ich über meine weiteren Schritte nach. Sollte ich die Show machen? Mir kam in den Sinn, meine Oma hätte nicht gewollt, dass ich aufgebe. Also stellte ich mich in den Ring und bot die mir bestmögliche Leistung ab, indem ich das Publikum professionell durch den Abend führte.

In der Pause nahm ich mir unter Tränen einen Moment der Stille, um meiner Oma zu gedenken. Mit ihr verband ich immer nur wunderschöne Zeiten. Sie war wie eine Mutter für mich gewesen. Im Alter von 3 oder 4 lebte ich für einige Monate bei ihr in Italien, da meine Eltern sich in einer beruflichen Umstrukturierung befanden. Ihr Ableben schockte mich und der Schmerz saß tief, standen wir uns doch so nahe.

Sie hinterließ einen leeren Platz in meinem Herzen. Ich erinnere mich so gerne an die gemeinsame Zeit zurück, in der sie mir selbstgemachte Tomatensoße kochte. Bei ihr wollte ich nichts anderes essen. Bei Streitigkeiten mit meinen Eltern stand sie immer auf meiner Seite. Ich werde sie nie vergessen und auf ewig in meinem Herzen tragen. Ich vermisse sie täglich.

Ich wurde nun vielmehr in Österreich gebucht, hatte mir dort einen sehr guten Ruf erarbeitet. Unter anderem wurde ich von Mexxberg gebucht, der die UKWA betreibt und von Rings of Europe. Dies sind zwei Promotions in Österreich die sehr oft veranstalten. Als ich den Auftrag von ROE bekam eine Fahrt zu organisieren, tat ich dies sehr gerne. Ich buchte einen Bus und man übergab mir die Liste der Mitreisenden. Darunter Karsten Beck. Karsten hatte ich im Vorfeld bei wXw Veranstaltungen kennenlernen dürfen. Und was soll ich euch sagen? Dieser Mann ist einfach einer der unterhaltsamsten Menschen überhaupt in dieser Szene. Er hatte immer den passenden Spruch auf den Lippen. Vor allem wenn er mich sah, machte er Witze über meine Größe. Im Vorfeld hatte ich jedoch erfahren, dass er dies nur bei Menschen macht die er mag. Ich fühlte mich geehrt, wenn er sich über mich lustig machte, weil ich genau wusste dass dies nicht ernst gemeint war. Hoffte ich zumindest😊. Es war schön, sich einfach auf der privaten Ebene mit ihm zu unterhalten. Wir sprachen über Gott und die Welt, sei es über unseren Musikgeschmack, über meine Kinder, meine Geschichte und auch über sein Leben. Sollte irgendjemand mal die Chance bekommen mit ihm mitzufahren, gebe ich euch den Tipp: Besorgt euch Energydrinks und geht vorher aufs Klo. Vor lauter Lachen werdet ihr euch sonst in die Hosen pinkeln.

Der gute Karsten hatte dazu beigetragen, dass ich für 24 Stunden komplett meine ganze Umgebung vergessen konnte. ER weiß es nicht, aber dafür hätte er sich eigentlich ein Küsschen verdient:)

Ansonsten verlief mein Leben im alltäglichen Trott. Pflichtbewusst ging ich meiner Arbeit nach und erkundigte mich regelmäßig beim Jugendamt über etwaige Fortschritte. Endlich bekam ich die Benachrichtigung, in den nächten Wochen sei mit einem Besuchstermin zu rechnen. Ich wurde allen ernstes gefragt, ob ich mich darüber freuen würde. Mit welcher Antwort hatte sie wohl gerechnet? Mit meiner nicht. Sie war regelrecht schockiert und überrascht als ich meinte, warten wir es mal ab. Zu oft war ich nun schon enttäuscht worden.

Es sollte tatsächlich zu einem Termin kommen. Ich traf meine kleine Desiree in einem Spieleparadies. Zwei Stunden Zeit wurden mir eingeräumt. Nur sie und ich. Obgleich wir unter Beobachtung standen, ließen wir uns von nichts abbringen. Wir spielten und tobten frei herum. Ich wollte von ihr wissen, wie sie den Rest des Tages verbringen würde. Sie spiele am Abend noch mit „Papa", meinte sie. Natürlich meinte sie den neuen Lebensgefährten ihrer Mutter. Zu gerne hätte ich meiner Kleinen in diesem Moment mitgeteilt, ich sei ihr Vater und nicht dieser Typ .Doch ich schwieg. Auch diese zwei Stunden gingen viel zu schnell vorbei. Mit der Hoffnung meine Desiree nun regelmäßig sehen zu können, fuhr ich heim.

Nur zwei Wochen später ereilte mich der nächste Dämpfer. Der angesetzte Besuchstermin wurde abgesagt. Die Kindesmutter gab als Rechtfertigung an, das gemeinsame Kind sei erkrankt. Ihr war es aber nicht möglich, für die Abwesenheit ein ärztliches Attest einzureichen. Dies hatte zur Folge, das erneut das Gericht eingeschaltet wurde. Es kam zu einer Anhörung. Meine ehemalige Frau sollte sich erklären, warum sie die angeordneten Termine nicht wahrnahm. Sie versuchte sich heraus zu reden. Sie verwies auf die gemeinsamen Söhne. Sie wies ihnen die Schuld zu, sie seien es gewesen, die versucht hätten ihre Schwester zu manipulieren. Sie hätten ihr gesagt, bei mir handele es sich um einen bösen Mann und ich täte ihr nicht gut. Der Richter stellte dies in Frage und betonte, unter den gegebenen Umständen wäre es ratsam, die Kleine von ihr fernzuhalten. So könne und dürfe es nicht weitergehen.

Nun kam die Gegenseite mit dem Argument ich sei ein Stalker. Ich sei ein Vater, der seinen Kindern auflauere und regelmäßig vor der Türe stünde. Ich lachte in mich hinein und äußerte die Frage, ob sie die Aussage selbst glauben würden. Dies nahm der juristische Vorstand zum Anlass, mir hoffnungsvoll mit auf den Weg zu geben, ich habe ein Anrecht auf dem Umgang und er Sorge dafür, dass dieser stattfände. Er drohte der Mutter meiner Kinder mit einem empfindlichen Ordnungsgeld oder gar einer Erzwingungshaft, sollte sie sich weiter quer stellen. Dies hatte gesessen. Endlich einmal war ein Termin zu meinen Gunsten ausgegangen. Es fanden mehrere Treffen mit meinem Sonnenschein statt. Mein Dank dafür kannte keine Grenzen. Es lief alles gut, zu gut!

Stellt euch meine Entrüstung vor, als ich einen Anruf von der Umgangshelferin erhielt, in der sie mir vorwarf, ich hätte meiner Tochter erzählt, ich wolle sie in einem Heim unterbringen, damit sie ihr Mutter nicht wiedersehen könne. Die Worte musste ich verdauen. Als ich mich wieder gefasst hatte, stellte ich klar, dass ich so etwas nie geäußert hatte. Solche Dinge würde ich doch nie behaupten. Glücklicherweise glaubte man mir. Es pendelte sich alles ein, so dass es nun ein geregeltes Umgangsrecht für meine Tochter und mich gibt. Es wurden neue Elternvereinbarungen getroffen, gegen die meine Ex noch immer hin und wieder verstößt. Ich habe gelernt damit zu leben, auch wenn es schwer fällt. Ich wollte mich nicht mehr aufregen und lernte mich damit zu begnügen, über jeden Verstoß bei Gericht Meldung zu machen.

Der ganze Stress lohnt sich mal im Leben. Nach dem Hin und Her mit den ganzen Anwaltsschreiben und der

Verweigerung des Jugendamtes mir zu helfen, um das Recht des Umgangs mit meinen Kinder einzufordern, gab es doch mal etwas Positives. Tim und seine Frau waren einige Tage im Strahlemännchen Ressort im Sauerland zu Gast. Tim kam einige Tage vorher auf mich zu, sagte mir, dass die Familie plane zum Movie Park zu fahren, um seinem jüngsten Sohn eine große Freude zu bereiten. Ich gab ihm zu verstehen, wenn er Hilfe bräuchte, solle er sich bei mir melden. Ich hatte die Möglichkeit ein Auto zu leihen, um mit 6 Personen in den Movie Park zu fahren. Ich kannte seine beiden Kinder schon von vorherigen Veranstaltungen und wer mich kennt, weiß dass ich für ein Kinderlachen alles tue. Mir geht dabei das Herz auf. Ich holte die Familie in Begleitung von meiner Freundin im schönen Sauerland ab. Die Kinder waren schon ein wenig verwundert, warum ausgerechnet ich am Parkplatz wartete. Um die Kinder ein wenig zu veräppeln, sagten Tim und ich zu den Kids, wir fahren uns ein Gefängnis anschauen. Wir konnten uns vor lachen kaum noch zurückhalten. Am Ziel angekommen wurde den Kindern klar, wo der Hase lang läuft. Es war ein schöner Sonntag, den ich auch nie vergessen werde. Kinder sind schon was Besonderes, die ihre Zuneigung und Liebe zeigen, auch wenn sie kaum mit eienm sprechen. Ich fühlte mich im Park ebenfalls wie ein kleines Kind und fragte mich, warum ich ein Ticket als Erwachsener erworben hatte. Bei den Preisen für Essen und Trinken hätte ich einen ganzen Wocheneinkauf erledigen können, aber was tut man nicht alles für die kleinen. Tim, seine Frau und ich konnten so viel miteinander sprechen und uns auch austauschen. Das Thema Wrestling war eher zweitrangig, da es auch andere Dinge im Leben gibt. Wir sprachen viel über die Kinder, was sie zur Zeit bewegt und was sie in der Vergangenheit erlebt hatten.

Unsere Hauptaufgabe an diesem Tag wurde erfüllt: Die Kinder glücklich machen. Ich werde diesen Tag nie vergessen.

Im August 2018 hatte ich beim OWG (Outlaw Wrestling Germany) Office erneut angefragt, ob sie mich für Ihre Dezember Show buchen möchten. Ich hatte Mega Bock darauf, in den Schwarzwald zu reisen und dort für gute Stimmung zu sorgen. Ich erwartete eine Abfuhr zu erhalten, da dies schon öfters der Fall gewesen war. Glücklicherweise pflegte ich immer den Kontakt zu Carina. Sie arbeitet im Vorstand der OWG. Mit der Erwartung, eine erneute Absage zu erhalten, sprach ich mit ihr. Dieses mal aber fragte sie: „Du hast wirklich Bock bei uns aufzutreten, oder?" Für mich war klar, dass ich wirklich sehr großes Interesse daran hatte. Ich gab Carina zu verstehen, dass sie nicht um mich herum kommen würde. Sie solle mich buchen. Es dauerte nicht lange und ich bekam das Booking, was mich natürlich sehr stolz machte, da ich nicht so der Typ bin, der hinterher rennt, um sich anzuwidern irgendwo auftreten zu dürfen. Die Kommunikation und Abwicklung der Reise war unproblematisch und sehr professionell. Von vielen Leuten im Internet, besser gesagt von manchen „Experten", bekam ich immer wieder Nachricht, warum und wieso ich dort ein Booking annehmen könnte. Es seien doch alles „Backyarder". Übersetzt: Leute die nicht professionell ausgebildet sind und nur Wrestling „spielen". Da ich immer ein Mensch war, der sich eine eigene Meinung bildet, wollte ich dies nicht bestätigen, da dies NIEMALS fair gegenüber der Promotion gewesen wäre. Das ich schon Monate vorher mein Bahnticket erhielt, machte schon ein starken Eindruck auf mich. Also fuhr ich mit einem sehr mulmigen Gefühl, an einem Samstagmorgen zum Bahnhof und im Hinterkopf dachte ich mir nur: „Was ist wenn diese Sachen wirklich so stimmen? Mache ich einen großen Fehler?" Eingestiegen in die Bahn, las ich mich ein wenig in die Matchcard ein. Dort fanden sich Namen wieder, die ich bisher niemals in meinem Leben gehört hatte. Und erneut schossen mir wieder diese Gedanken durch den Kopf, tat ich das Richtige heute. Nach der sehr kurz getakteten Bahnfahrt, danke an das größte Zugunternehmen in Deutschland, kam ich vollkommen erledigt in Pforzheim an. Ich sollte abgeholt werden und lief, mit Trolley und Anzug, in die Bahnhofshalle. Einige Minuten vergingen und ich hatte erneut dieses mulmige Gefühl, dass man mich eventuell vergessen hätte. Dieses Gefühl erledigte sich schnell. Schon von Weitem sah ich Senza Volto in einem Fastfood-Laden sitzen. Als er mich sah, lief er straight auf mich zu und begrüßte mich. Senza Volto ist ein französischer Wrestler der sich in Europa, und vor allem auch in Deutschland einen guten Namen erarbeitet hat. Daher war ich froh, zumindest in diesem Moment, einen Profi zu sehen. Da wir uns schon öfters bei anderen Ligen über den Weg gelaufen waren, hatten wir einen guten Draht zueinander und mein Gefühl wurde ein wenig besänftigt. Hinter Senza folgte der Fahrer, der sich als Lee vorstellte. Lee war es, der wegen seiner englisches Herkunft, die internationalen Worker abholte und sich auch um diese kümmerte. Nach ca. 25 minütiger Fahrt, in der ich Lee ein wenig mehr kennenlernen durfte, erreichten wir unser Ziel, Calmbach bei Bad Wildbad.

Als ich ausstieg, kamen mir schon die ersten Helfer und Aktiven entgegen und begrüßten mich herzlich. In diesem Moment wurde mir sofort klar, es kann nicht so sein, wie die anderen es berichtet hatten. Nach dem ich die ersten Hände geschüttelt hatte und die obligatorischen Umarmungen hinter mich gebracht hatte, gingen wir in die tolle Sporthalle. Klar, ich dachte mir natürlich „toll Wrestling in einer Turnhalle". Aber dem war nicht so. Diese Halle hatte etwas Magisches, aber dazu etwas später mehr.

Innen empfing mich Carina, die mich sehr herzlich begrüßte und auch andere Vorstandsmitglieder kamen hinzu, die mich nach meinem Wohlbefinden fragten und in Erfahrung bringen wollten, ob ich eine gute Anreise hatte. Das Einzige was mir einfiel war „Wow". Ein ganzes Team fragte mich wie es mir geht. Damit war ich voll überfordert. In diesem Moment konnte ich mal an etwas anderes denken als an meine Kinder. Dieses Team, der OWG hatte es tatsächlich geschafft , dass ich mir mal um etwas anderes Gedanken machte, als darüber zu grübeln, was meine Kinder gerade tun und ob es ihnen gut geht. Lee kam auf mich zu und sagte: Salva, magst du erst mal ins Hotel, um dich ein wenig auszuruhen? Ich erwiderte: Nee, ich würde euch gerne beim Aufbau und bei der Bestuhlung helfen oder da aushelfen, wo jemand gebraucht wird! Ich kannte es so aus meiner Vergangenheit , dass man immer beim Aufbauen oder bei der Bestuhlung hilft. Ich finde, dass es eine Selbstverständlichkeit sein sollte, immer mit anzupacken. Carina schaltete sich ein und gab mir zu verstehen, dass man dies von Gästen nicht erwarte und man hier selbst einige Helfer im Team habe. Also folgte ich der Einladung von Lee und lies mich mit

Senza Volto ins Hotel fahren. Hier konnte ich zumindest für 2 Stunden runterfahren und mich auch mental ein wenig vorbereiten. Für eine kurze Zeit schloss ich sogar die Augen.

Die Zeit verging wie im Fluge. Schnell wurden wir wieder abgeholt und Richtung Halle gefahren. Lee erkundigte sich, ob wir noch etwas benötigten oder ob er direkt zur Halle hinfahren solle. Ich war beeindruckt von ihm. Ein Mensch, der sich sehr um seine Schützlinge sorgte und versuchte, jeden Wunsch zu erfüllen. In der Halle angekommen, lernte ich die restlichen Aktiven kennen, die später hinzugestoßen waren.

Carina kümmerte sich fürsorglich um mich. Sie zeigte mir, wo ich an etwas zu trinken oder essen kommen konnte. Für mich war das eine Rund-um-Sorglos-Betreuung. Ich war ein wenig verlegen, so viele Menschen hatten sich vorgestellt, die ich nicht kannte und auch nicht ganz einsortieren konnte. Dies nahm man mir aber zum Glück nicht übel. Mir hatten die Gespräche sehr gut getan und ich hatte das Gefühl dazu zu gehören, obwohl ich zum ersten mal dabei war. Die Halle war top vorbereitet, mit Bannern, Leinwand und viel Licht. Man hatte hier wirklich keine Kosten und Mühen gescheut, um etwas Großes zu veranstalten. „Und hierbei soll es sich um Backyard handeln? UNMÖGLICH!, ratterte es die ganze Zeit durch meinen Kopf. Wie kann man sich eine Meinung bilden, ohne jemals bei einer Veranstaltung gewesen zu sein? Ich war überzeugt, dass es hier PROFESSIONELL zuging. Backstage war die Stimmung einfach nur Bombe. Es gab viel zu lachen und es gab auch keine 2 Klassen Gesellschaft. Ich lernte, Cash Crash und den Paradiesvogel Diablo kennen. Die Beiden waren so mega geil drauf , dass wir bei jedem Satz, der über unsere Lippen kam, laut auflachten. Nun war Showtime. Über 400 zahlende Zuschauer fielen in das, bitte verzeiht den Ausdruck, Provinzdorf ein. So viele Menschen für eine Wrestlingveranstaltung. Davon sollten sich andere Promotion mal eine Scheibe abschneiden. Dies war Zuschauerrekord für eine OWG Veranstaltung. Der ganze Abend verlief wie am Schnürchen. Dementsprechend war ich danach auch heiser und vollkommen mit meiner Energie am Ende, aber es hatte sich gelohnt. Carina und Ihr Mann Alex, der als Big Bull dort antrat, waren mit meiner Leistung mehr als zufrieden und haben das Booking nicht im Ansatz bereut. Dies zu hören, hatte mir sehr gut getan und ich wurde belohnt. Man buchte mich auch für die nächsten Veranstaltungen. Die zweite Show übertraf noch einmal alles. Sei es im Line Up oder den Zuschauerzahlen. Über 430 begeisterte und zahlende Zuschauer sahen im Mai 2019 eine unvergessene Veranstaltung. An diesem Abend wurde mir, an Carinas Seite, die Ehre zu Teil, der Höchstbietenden einen Preis zu überreichen. Sie hatte an einer meiner Auktionen teilgenommen und ein VIP Paket ersteigert. Am Ende, war es auch sehr schön von Carina zu hören, dass man Teil der OWG Familie ist. Das war für mich ein tolles Gefühl und bis heute bin ich Teil des Teams und möchte keine Sekunde mehr missen. Ich sage immer und immer wieder, dass ihr euch einfach mal eine Show anschauen solltet, bevor man negativ urteilt. Ihr könntet positiv überrascht werden. Also lasst es drauf ankommen.

Kommen wir aber wieder zurück in den Alltag. Seit einigen Momenten begleiten mich negative Gedanken und Empfindungen. Mir fällt es schwer, einen klaren Gedanken zu fassen. Ich bin oftmals unkonzentriert. Es fühlt sich so an, als ob man sich in seinem Körper unwohl fühlt und von Gedanken verfolgt wird, die einem nicht gut tun. In der Anfangszeit hatte ich panische und manische Angst überhaupt einzuschlafen. Die Nächte waren für mich sehr kurz. Ich war froh, wenn ich 4 Stunden Schlaf finden konnte. Mich plagten oft Gewissensbisse. Diese spiegelten sich in meinen Albträumen wieder. Es gab Situationen im Traum, mit denen ich in der Realität ungern in Kontakt treten möchte. Es gab Szenarien, in denen mein ältester Sohn vor mir steht und mir ein Gewehr an die Stirn hält und mir vorwirft: Papa, wo warst Du? Du warst nie für mich da! Schweißgebadet aus dem Schlaf gerissen zu werden, mit den Erinnerungen an solch einen Traum, wünsche ich niemanden. Sich dann in das Badezimmer zu verkriechen, dort zu weinen um damit klar zu kommen machte die Situation nicht besser. Ich wusste, das etwas mit mir nicht stimmte. Jedoch wollte ich es nicht glauben oder mir selbst eingestehen. Die Zeit verging. Ich bemerkte, dass ich mich fremden Leuten immer so präsentieren konnte, wie der Mensch, der ich immer sein wollte. Was meine Partnerin betraf, war ich für sie immer weniger ansprechbar, habe kaum geredet und ihr auch nicht mal richtig zugehört. Das war nicht das Schlimmste an meiner Situation, sondern dass ich mit großen Stimmungsschwankungen zu kämpfen hatte. Im ersten Moment war ich nett und im nächsten ein großes Arschloch. Ich konnte und wollte meine Gefühle nicht mehr ausdrücken und fragte mich immer und immer wieder, wie dies alles in den letzten Jahren mit mir passiert konnte und wie kaputt man mich gemacht hatte. Die Albträume kehrten kontinuierlich wieder.

Eines Tages suchte ich eine ambulante Station auf. Dort sprach man circa 2 Stunden mit mir. Das Resultat erschütterte mich zutiefst. BIPOLARE DEPRESSIONSSTÖRUNG war die Diagnose des Psychiaters. Sie müssen lernen, damit umzugehen und ihre Mitmenschen darüber aufzuklären. So sind Sie auf der richtigen Seite ,teilte er mir mit, nachdem wir das Sprechzimmer verlassen hatten. Im ersten Moment dachte ich, warum ich? Warum hat man mir das angetan? Ich begann mich in diesem Thema einzulesen, um die Ursache herauszufinden und auch, um Antworten auf meine Gedanken zu finden. Bipolare Störung ist die Kurzbezeichnung für die bipolare affektive Störung (BAS). Es ist eine psychische Erkrankung, die zu einigen Stimmungsstörungen - und Schwankungen führen kann. Ich wurde fündig, warum es mir mal gut ging und dann abrupt wieder schlechter geht. Eins führte zum anderen. Meine größte Angst bestand darin, nie wieder normal zu sein. Man gab mir jedoch zu verstehen, meine Art der Depression sei behandelbar, man jedoch nicht sagen könne, ob man diese Störung jemals wieder los wird. Meine Partnerin und ich litten natürlich am meisten darunter. Für sie war es nur schwer zu ertragen, wie sehr ich mich verschloss und alles mit mir selbst ausmachen wollte. Für mein Verhalten ihr und anderen Menschen gegenüber, kann ich mich nur entschuldigen und um Verzeihung bitten. Ich habe mich einfach in diesem Gedanken verfangen und selbst eingeschlossen, meine Kinder zu meinem Mittelpunkt im Leben zu machen, obwohl diese nicht anwesend und weit weg von mir sind. Um diesem inneren Konflikt entgegen zu wirken, nehme ich an einer Therapie teil.

Nun stellen sie, liebe Leser sich sicher die Frage: Warum schreibt dieser Typ über seine Kinder und dann über sein Wrestlingleben?

Diese Frage ist leicht zu beantworten, es soll mir helfen. Depressionen zu haben und seinen Kindern nachzutrauern ist hart. Ja, auch oftmals habe ich mit dem Gedanken gespielt, all das Leiden und die Qual zu beenden. Mit allem abzuschließen. ABER ES BRINGT NICHTS. Man schadet seinem Kind bzw. Kindern. Wir sind diejenigen, die einen klaren Kopf benötigen, um den Kampf, um die Liebe und Zuneigung unserer Kinder in Angriff zu nehmen. Sich vom Leben zu verabschieden schmerzt das Umfeld nur noch mehr.

Während meiner Zeit im Wrestling-Business, sind mir einige Menschen über den Weg gelaufen, die mich so genommen haben wie ich bin und mich auch am Leben gehalten haben. Dies wissen viele gar nicht. Doch sie waren einfach da. Sie haben mich abgelenkt mit

Geschichten aus vergangenen Zeiten und mit ihrer Anwesenheit. Das gleiche gilt auch für meine Familie und Partnerin, die jederzeit da waren, als es mir schlecht ging und auch aktuell, wenn bei mir wiedermal ein negativer Tag ansteht.

Die Stimmungsschwankungen, die ich durchleben musste, waren für mich und für meine Freundin schwer zu ertragen. So oft war ich nicht mehr ich selbst. Oftmals hätte ich sie am liebsten rausgeschmissen. Zu solchen negativen Reaktionen hatten die Depressionen mich verleitet. Ich hatte einfach Angst, dass meine Freundin in das Verhaltensmuster meiner Exfrau mutiert, indem sie über alles entscheiden wollte und ich einfach immer zu allem Ja sagen musste. Dies war zum Glück nicht so. Ich kann und will mir nicht verzeihen, dass ich so ein schlechtes Bild über meine geliebte Partnerin haben konnte. Das hatte und hat sie nicht verdient. Mein riesen Dank, dass sie trotz allen Widrigkeiten, so stark an meiner Seite steht.

Ihr müsst euer Leben leben. Es wird keiner kommen um euch aus der Isolation herauszuholen. Macht den ersten Schritt und setzt ein Fuß nach dem anderen. Geht raus, beteiligt Euch am Leben.Den Rat möchte ich euch geben,auch wenn es mir selbst schwerfällt. Ich weiß, es ist einfacher gesagt als getan, auch ich habe öfters Phasen einfach nicht raus zu wollen, dass ist aber vollkommen normal.

Lasst Eure Freunde, Familie und Partnerin nicht allein im Regen stehen, gesellt euch einfach dazu! Redet über Euren Alltag mit der Person die Euch nahesteht oder auch neben euch sitzt und lasst den Tag Revue passieren. Besucht einen Psychologen und redet mit der Person über eure Ängste und Probleme. Man wird euch NIEMALS alleine lassen.

Warum tue ich das alles? Warum steh ich jeden Tag erneut auf und kämpfe um mein Recht? Ganz klar: Seit ihr in meiner oder einer ähnlichen Situation, rate ich euch, nehmt euch nicht alles zu Herzen, behaltet einen klaren Kopf und lasst euch nicht unterkriegen. Ihr dürft nicht daran kaputt gehen. Ihr habt eine Vorbildfunktion gegenüber eurem Nachwuchs und sie brauchen euch. Ihr kämpft nicht umsonst, sondern für sie. Auch wenn sie sagen, sie mögen euch nicht oder hassen euch gar, seit euch bewusst, sie sprechen nicht von Herzen. Oft kommen diese Aussagen nachgesprochen von anderen aus den Mündern der Kleinen, dem könnt ihr euch gewiss sein. Schaut nach vorne, gebt den Kampf niemals auf. Auch ich habe mein Ziel noch lange nicht erreicht. Es heißt jeden Tag aufs Neue, sich dem Kampf zu stellen, bis ich alle meine drei Kinder wieder in meinem Leben haben werde. In diesem Sinne:

BE A VOICE NOT AN ECHO!!!

Nette Worte von tollen Menschen

Andre Trucker (Wrestler): Als ich Salva kennenlernte (ich bin mir nicht mehr sicher, ob das in NRW oder im Saarland war), hatten wir sofort einen Draht zueinander. Ich habe es immer sehr geschätzt, wenn jemand ein professionelles Auftreten, sowohl im Ring als auch im Backstage hatte. Und bei ihm fiel mir das sehr schnell auf. Sehr respektvoll, höflich und lustig. Damit hatte er schon Pluspunkte bei mir gesammelt. Zu dieser Zeit war ich selber sehr aktiv und es war allgemein in der Szene bekannt, dass ich ganz gut rumkomme. Dementsprechend fragten mich auch öfters Leute nach Feedback. So auch Salva.

Und ich musste ihm gestehen, dass ich so gut wie nichts kritikwürdiges gesehen habe, weil er schlichtweg einen guten Job abgeliefert hat. Hier und da ein paar Kleinigkeiten, die er sich sofort versuchte einzuprägen, was mir natürlich schmeichelte, weil es mir zeigte, dass er meine Kritik sehr ernst nahm. Kurz gesagt...wir verstanden uns schnell sehr gut und konnten sehr schnell sehr offen kommunizieren, was absolut keine Selbstverständlichkeit ist. Durch diese durchweg positive Begegnung fing ich an, ihn hier und da als Ringsprecher zu empfehlen und er bekam dadurch noch ein oder zwei zusätzliche Bookings rein, wofür er mir häufig dankte. Ich hingegen sagte ihm immer wieder, dass er mir nicht danken muss, weil ich keine Werbung für ihn gemacht habe, weil ich ihn mag, sondern weil ich finde, dass er einen guten Job macht. Auch hier lief es immer wieder so, dass er mir wahnsinnig freundlich und dankbar entgegen trat und ich gar keine andere Wahl hatte, als ihn zu mögen. Ein unheimlich netter Kerl, der seinen Job beherrscht.

Aber wofür ich ihn tatsächlich am besten in Erinnerung behalten werde, ist seine Hilfsbereitschaft. Als mir vor einigen Jahren mein Haus ausbrannte und ich sozusagen kurzzeitig Obdachlos war, bot er sofort an, mit ein paar anderen Leuten aus der Wrestling Szene aus NRW nach Berlin zu kommen und mir vor Ort zur Hand zu gehen. Ich bremste ihn aus, weil ich wusste, dass er tatsächlich gar nicht all zu viel hätte tun können, weil ich eh schon einige freiwillige Helfer vor

Ort hatte. Aber ich glaube es ließ ihm keine Ruhe, dass er nicht helfen konnte und deshalb startete er den Versuch mir eine Videobotschaft von einem meiner größten Idole seit meiner Kindheit zu organisieren... Bud Spencer. Dieser lag zu dem Zeitpunkt im Krankenhaus und verstarb wenige Tage später, aber Salva schaffte es über Bud Spencers Sohn ihm meine Geschichte erzählen zu lassen und Bud bat seinen Sohn mir auszurichten, dass er an mich denkt und er inständig hofft, dass es bei mir schnell wieder bergauf geht. Diese Nachricht las Salva in einem Video vor, dass er online stellte und mich darin verlinkte. Ganz ehrlich...mir liefen die Tränen. Vorrangig tatsächlich deshalb, weil ich so gerührt davon war, wie viel Mühe sich Salva gemacht hat, um mich in der schlimmsten Phase meines Lebens aufzumuntern. Das werde ich ihm nie vergessen. Unsere Freundschaft vertiefte sich dadurch und wir hatten regelmäßig Kontakt. Telefonierten, schrieben, scherzten, philosophierten und brainstormten. Dabei kam irgendwann seine Idee heraus, dass er gerne eine Charity Aktion organisieren möchte, bei der diverse Wrestling Andenken von unterschiedlichsten Wrestlern versteigert und der Erlös an Strahlemännchen e.V. gehen sollte, um damit krebskranken Kindern Herzenswünsche zu erfüllen. Er fragte mich, ob ich ihm dafür etwas zum versteigern dazu geben könnte und ich war so begeistert davon, dass ich nicht nur was dazugeben wollte, sondern auch anfing Werbung in der Szene dafür zu machen und mehrere Wrestler und Promoter dafür begeistern konnte etwas dazu zugeben. Dadurch konnten wir am Ende etwas über 2000 € zusammen bringen und weil Salva mir so dankbar war, dass ich mich für sein Projekt so eingesetzt habe, bat er mich bei der Übergabe des Geldes an den Verein dabei zu sein, was mir viel bedeutete. Ich könnte noch so einige weitere Sachen über Salva schreiben, aber ich überspanne hier wahrscheinlich eh schon den Bogen und nehme hier mehr Raum ein, als das ursprünglich geplant war. Zum Abschluss will ich nur festhalten, dass Salva selber wahnsinnig viel hinter sich hat und trotzdem immer versucht hat dabei ein guter Mensch zu bleiben und selber Gutes zu tun. Alleine deswegen schätze ich ihn sehr. Und auch wenn wir uns mittlerweile eher selten hören und noch seltener sehen, freu ich mich immer sehr darüber, wenn wir dann mal wieder Zeit teilen, in welcher Form auch immer. Salvatore...du bist ein wirklich feiner Kerl und ich wünsche dir von Herzen nur das Beste. Dein Freund, André.

Kult-Opa Gerd(Gerhard Villvock): Salvatore Cofone, ein Freund, der es mir nicht immer leicht gemacht hat! Ein Mensch, der gar nicht möchte, dass man sein Innerstes sofort erkennt, der nach Anerkennung giert, aber sich immer wieder "klein macht". Mit anderen Worten ein doch schwieriger Zeitgenosse. Wir sind uns vor Urzeiten bei dem schönsten Sport der Welt (Wrestling) über den Weg gelaufen, haben uns dann aus den Augen verloren, wiedergefunden und pflegen seit einigen Jahren eine Freundschaft. Freundschaft ist, wenn man sich hilft, ohne fragen zu müssen! Salva muss nicht fragen! Salva, in Deinem Kampf um Deine Kinder (Ist es nicht traurig, wenn man hier von Kampf reden muss?) kann ich Dich nur durch Worte, Meinung, Anregung unterstützen, aber weil ich weiß, wie liebevoll Du vor langer Zeit mit Deinen Kindern umgegangen bist, wie Du immer wieder mit Begeisterung von ihnen erzählt hast , hast Du nicht nur durch Dich sondern auch für Deine Kinder mich als Freund. Du wirst noch manche "Schlacht" schlagen müssen, manchen Rückschritt ertragen, aber ich wünsche mir für Dich, dass alles zu einem guten Ende kommt. Auch, wenn es noch lange dauert.

Alexander Gauss(OWG): "Als wir Salva das erste mal gebooked haben, hat er mich bei der Vorbesprechung gefragt, ob ich ihm freie Hand lasse und ich habe spontan "Ja" gesagt - war mir aber nicht ganz sicher, ob das eine gute Idee ist. Als er dann aber die ersten 5 Minuten durch die Show geführt hat, da war mir klar, dass dies die absolut richtige Entscheidung war. Salva hat seitdem bei unseren Shows freie Hand!" Carina Gauss: Salva steht für mich für Professionalität, Charisma, Sympathie, Ehrlichkeit und Respekt. Er ist für mich einer der besten Ringsprecher, den ich bisher live erleben durfte. Er weiß ganz genau, wie er auch die leisesten Zuschauer für sich gewinnt und die Halle in einen "Hexenkessel" verwandelt. Durch sein Verhalten und seine außerordentlich Leistung ist er recht schnell ein Teil der OWG-Familie geworden und nicht mehr wegzudenken. Alexander & Carina: Salva ist für uns und die Fans der OWG genau der richtige Ringsprecher, weil er durch seine besondere und sympathische Art, seine Professionalität, seine extravaganten Outfits, seine Loyalität und sein Charisma, genau das darstellt, was von den Zuschauern erwartet wird. Durch ihn wurde das Gesamtprodukt OWG aufgewertet und wir sind stolz, dass wir ihn einen Teil der OWG Familie und mittlerweile einen Freund nennen dürfen, der tief in unseren Herzen verankert ist.

Jack Anderson(Kampfkünstler): Mein Name ist Jack Anderson, auch bekannt unter dem Namen "The Cobra King". Ich bin Kampfkünstler, Träger des 2. Meistergrades in Wushu, Kickboxer und professioneller Independent Wrestler aus Frankfurt am Main. Ich habe über viele, viele Jahre im Wrestling Höhen und Tiefen durchlebt, deshalb verzeiht mir bitte meine kritischen Worte. Nur jeder der mich kennt, weiß meine Ehrlichkeit zu schätzen, wenn man mich darum bittet. Ich könnte über Salva erzählen, dass er mir gegenüber stets höflich und respektvoll aufgetreten ist. Ja das könnte ich, aber ehrlich gesagt, wäre das sehr mager, wenn ich nicht mehr über ihn erzählen kann. Denn diese beiden Eigenschaften sollten zum Standardrepertoire eines jeden Menschen gehören und ein Zeichen des Respekts, wäre eben, seiner Bitte nachzugehen, ein paar Worte über ihn, für sein Buch zu verlieren, ob nun positiv oder auch negativ. Aber dann stelle ich wieder schnell fest, in welchem "Business" wir uns befinden, wo jeder nur dann etwas für Dich macht, wenn Du einen gewissen Nutzen für die Person aufweist. Da ich ein Mann mit Ehre bin und mein Versprechen halten werde, möchte ich euch eine kurze Geschichte über Salva erzählen. Wenn wir es streng betrachten, haben wir beide uns gerade mal 1 handvoll mal getroffen, sind uns dennoch näher als Menschen, denen man tagtäglich über den Weg läuft. Wir kommunizieren in gesunden Abständen stets über Telefon oder Whatsapp und finden immer Themen, über die wir ausgiebig philosophieren können. Über eins sind wir uns aber beide einig, keiner erwartet etwas vom anderen, unsere Freundschaft ist einfach und klar definiert, uneigennützig und an keine Bedingungen geknüpft. Das ist in der heutigen Zeit, keine Selbstverständlichkeit mehr und deshalb bin ich auch froh euch diese kurze Story erzählen zu können.

Ich lernte Salva vor vielen Jahren auf einer Wrestling Show im Saarland kennen, ich war grad dabei mein Gepäck Backstage zu verstauen, als plötzlich ein gut angezogenen Typ mit Moderationskarten vor mir stand. Salva war der neue Ringsprecher und bereitete sich sehr akribisch auf seine Aufgabe vor, wirkte dennoch locker, höflich und stets gut gelaunt. Er fragte nach meinen Daten und wollte wissen, wie ich gerne angekündigt werden möchte, ob ich einen speziellen Wunsch habe. Ich dachte mir nur "Wow!", endlich mal jemand, der diesen Job tatsächlich ernst nimmt und sich dem Anlass entsprechend kleidet. Jetzt muss er nur noch vor Publikum den perfekten Party Host geben und die Sache ist save. Salva hat mich in der Hinsicht keinesfalls enttäuscht und es kam, wie es kommen musste. Deutschland hatte einen neuen professionellen Ringsprecher, eine Bereicherung für jeden Veranstalter, der perfekte Gastgeber für Shows mit Live Publikum. Denn welcher Ringsprecher ist in der Lage, individuelle Ankündigungen in diversen Sprachen durchzuführen und dabei gleichzeitig souverän, sympathisch und professionell auf die Zuschauer einzugehen?!

Jetzt fehlte nur noch eine perfekte Catch Phrase, um auch seine Beiträge auf Social Media zu untermalen und nach dem ein oder anderen Brainstorming, war ich stolz ihm "Be a voice, not an Echo" präsentieren zu können. Denn diese Aussage passte, wie die Faust aufs Auge und wurde in den weiteren Jahren zu einem wichtigen Marketing Werkzeug.

Da es aber auch nur beschränkten Platz für meine Anekdote in diesem Buch gibt und ich euch nicht zutexten möchte, halte ich mich mal an die Redewendung "Manchmal ist weniger mehr". Es steht mir auch nicht zu, hier auf private bzw. persönliche Themen einzugehen, deswegen werde ich meine kurze Story respektvoll zum Ende führen. Jeder von uns, trägt sein eigenes Gepäck auf seinen Schulter, ob beruflich oder privat, doch nicht das Problem macht die Schwierigkeiten, sondern unsere Sichtweise.

Ich wünsche Dir lieber Salva, nur das Beste, Gesundheit und Erfolg für Deinen Zukunft. Bleib wie Du bist und vertraue dem Cobra King.

Robin Hamann (BFF): Ich kenne Salva nun mein halbes Leben. Wir haben uns damals durch die Liebe zur Musik kennengelernt. Er half mir in einer nicht so guten Phase. Ich hoffe und glaube, dass ich ihm genauso beistehen konnte in seiner schwierigen Zeit. Salva ist - ohne Floskel - wie ein Bruder für mich. Ich kenne wenige Menschen, die vor allem über so einen langen Zeitraum, einfach da waren. Salva ist ein offener und sozialer Mensch. Mit ihm kann man Pferde stehlen. Wenn du ihn nachts anrufst, kommt er. Umso glücklicher bin ich darüber, dass er seit ein paar Jahren auch ein fester Bestandteil in unserer Fummellaufgruppe im Hagener Karneval ist. In einer Welt in der Vieles oberflächlich und immer egoistischer geworden ist, ist es schön, jemanden wie Salva zu haben. Einer der dich nimmt wie du bist und dir viel zurückgibt. Ich kenne kaum einen Menschen, der so warmherzig ist, wie er. Der zwar auch gerne mal lustige Sprüche klopft 😊, aber dich nie verletzen würde. Salva, ti amo 🖤

Bernhard "Wolfman" Wulff: Wenn ich an Salva denke, dann denke ich an einen Mann, der wohl mehr Mist in seinem Leben erlebt hat als die meisten von uns. Doch trotz aller Widrigkeiten, unter denen viele wohl zusammenbrechen würden, hat er sich nie unterkriegen lassen. Stattdessen hat ihn das ganze eher gestärkt. Er hat aus den Tiefschlägen Kraft geschöpft um es seinen Kritikern zu zeigen. Und seine Hartnäckigkeit sollte ihm Recht geben. Manch böse Zunge würde wohl behaupten Salva "spamt" mit seiner Anwesenheit den deutschsprachigen Wrestling Markt zu. Denn inzwischen gibt es kaum noch eine Wrestling Show die ihn Nicht als Ringsprecher dazu holt. Doch hier muss man eher sagen, der Erfolg gibt ihm Recht. Durch seine immer korrekte Art und seinen Respekt sowohl für das Business als auch für die Akteure und seinen stetigen Willen dazu zu lernen und sich zu verbessern, hat er sich zu einem der Besten Ringsprecher Deutschlands entwickelt. Ich bin froh ihn meinen Freund nennen zu dürfen. Großer, lass dich auch weiterhin nicht verbiegen und mach deinen Weg. Dein allzeit bereiter Wegbegleiter (und manches mal auch schon Erbe deines Ringsprecher-Postens 😊.

Sarah Litmeier: Unser bisher schönstes Treffen mit Salva Es war am 18.5.2019 bei On the Line von der OWG. Nach einer großartigen Show machten sich die Mitglieder und freiwilligen Helfer des Vereins wie immer ans Abbauen, so auch ich und mein Mann. Meine Mutter, mittlerweile 64 Jahre alt, musste aber auf uns warten, bis wir nach Hause fahren konnten. Sie stand also an der Bar und lauschte einigen Gästen dort. Darunter auch Salva. Er unterhielt sich mit Cash Money Erkan und Tarkan Aslan über andere Shows und die Erfahrungen die sie alle überall sammeln konnten. Meine Mutter ist von Natur aus schüchtern und zurückhaltend, sie lauschte also. Wann kann man immerhin schon mal seine Stars belauschen wenn sie sich entspannt unterhalten? Immer wieder runzelte sie also wohl die Stirn und sah fragend drein, zum Fragen fehlte ihr aber der Mut. Immer wenn ich kurz vorbei kam um mal einen Schluck zu trinken hab ich sie ermutigt, doch allein wollte sie sich nicht in das Gespräch der drei Männer einmischen. Salva bemerkte das als erstes und ging zu ihr. Freundlich wie immer lud er sie auf ein Bier und begann ihr einiges zu erklären und ihre Fragen zu beantworten. Auch Tarkan Aslan und Cash Money Erkan schlossen sich diesem Gespräch an und so unterhielten sich die drei eine ganze Weile. Es hat mich so gefreut zu sehen wie offen mit meiner „alten" Mutter umgegangen wird das mir das sehr gut in Erinnerung geblieben ist. Vielleicht aber auch, weil meine Mutter immer noch gern darüber spricht.

Michael Hoss(GSW): Ich bin von Salva gefragt worden ob ich ein paar Worte zu ihm schreiben möchte, ob privat oder übers Business. Wir hatten nicht immer eine leichte Zeit, jeder für sich und auch miteinander. Ich freue mich aber sehr das er mich gefragt hat!

Ein paar Worte zu mir: Ich bin Michael Hoss komme aus Ulm, sicher kennen mich auch ein paar Leute aus dem Team der GSW (German Stampede Wrestling) oder aus dem Podcast „MoonTalk". Ich bin allerdings gerne der, der sich im Hintergrund hält. Als ich Salva das erste Mal wahrgenommen habe ist schon eine Weile her (Glaube so 2012/2013), er ist mir zwar aufgefallen aber wirklich Kontakt hatten wir nicht, als er dann mit ein paar anderen Leuten u.a. dem

„Wrestlingopa" Gerd die Fangruppierung „Wrestling Army" gründete (müsste 2014 gewesen sein), fing ich an auch mit den Jungs Kontakt zu haben. Man tauschte dann Kontaktdaten aus (Facebook, Handynummer etc.) um in Kontakt zu bleiben. Wir hatten dann glaube ich auch recht viel und häufig Kontakt. Man sprach auch sehr viel Privates und vertraute sich einfach. Meine Ehe ging dann auch in die Brüche und Salva hatte hier ein offenes Ohr und Rat für mich. Ich hatte relativ schnell eine neue Beziehung, und zwar eine Fernbeziehung aus Hagen, ja richtig gehört aus Hagen aus der Stadt aus der auch Salva kommt. Das Ganze war tatsächlich völlig unabhängig voneinander.

Über die Beziehung möchte ich eigentlich keine großen Worte Sagen, außer dass Sie ein Fehler war. *g* Aber wer war da und hat mich wieder Unterstützt und Rat gegeben? Richtig Salva.

Auch wieder kurze Zeit später lernte ich eine tolle junge Frau kennen, leider hielt auch diese Beziehung nicht sehr lange. Ja, ich trauere dieser Beziehung auch heute noch nach… Ich nahm sie auch mal mit zur GSW und stellte sie auch den Leuten vor. Zu dem Zeitpunkt waren wir allerdings schon getrennt. Aber auch hier war Salva wieder für mich da. Man muss auch Sagen das hier gerade ein Schwarzes Jahr angebrochen war. Gezeichnet von den Trennungen und von dem Entzug meiner Kinder. Habe ich 50 kg abgenommen und war auch stark untergewichtig. Legendär hier der Spruch von Salva: „Trinke mal wieder was mit Zucker!". Im selben Jahr starb dann auch mein bester Freund Daniel an Krebs und das hat mir völlig den Boden unter den Füßen weggezogen. Salva hat mir angeboten direkt zu mir zu Fahren und für mich da zu sein. Ich habe hier zum Glück auch einen festen Freundeskreis die auch alle mit Daniel befreundet waren und wir uns gegenseitig so etwas Halt und Aufmunterung geben konnten. Allerdings scheint Salva hier das Bedürfnis gehabt trotzdem was tun zu müssen und ich bekam kurze Zeit Später ein Video mit ganz lieben Worten von ihm und einem meiner Ulmer Lokalmatadoren dem Wrestler „T-K-O". Das hat mich wahnsinnig gerührt, hier gab es sehr persönliche Worte von beiden und ich habe mich Mega gefreut und schaue es mir hin und wieder immer noch an. Ich würde sagen das er zu diesem Zeitpunkt einer meiner besten Freunde war, einfach weil er immer für mich da war, gelacht haben und uns gegenseitig gestützt haben wenn es uns schlecht ging.

Danach plante ich mit ein paar anderen Leuten das Projekt „Sapphire Wrestling" hier kam es dann zum ersten Mal zu Unstimmigkeiten zwischen Salva und mir, die genauen Details brauche, ich denke ich nicht Erläutern, wir haben aber sicherlich beide viele Fehler gemacht in der Kommunikation und auch am gegenseitigen handeln. Wir hatten von da an keinen Kontakt mehr. Ich möchte aber behaupten, dass ich häufig mal an ihn denken musste und auch sehr traurig darüber war, dass es so gekommen ist, durch seine Aktivität als Ringsprecher war es für mich sicher einfacher was von ihm zu Erfahren wie andersrum. Ich habe zwischenzeitlich auch bei seinen (bzw. von Red Rage) Spendenaktionen mitgemacht und ein Shirt ersteigert einfach auch, um zu signalisieren, dass ich nach wie vor gut finde, wo er sich engagiert. Ich meinte damals auch zu Red Rage: „Ob ich das Shirt bekomme oder nicht, die 20€ sind selbstverständlich trotzdem gespendet." Aber da hatte ich mich getäuscht, trotzdem ganzen Stress, den wir hatten, hat er mehr Ehre bewiesen als ich es vielleicht getan hätte und hat mir das Shirt zugeschickt. Ich weiß nicht, manchmal denken Menschen und hier spreche ich mal von mir schlechter über andere als sie wirklich sind nur, weil man mal einen Streit oder eine Meinungsverschiedenheit hatte oder sonst was, deswegen wünscht man euch noch lange nicht das euch die Ärmel beim Händewaschen herunterrutschen. ;-)

Irgendwann bekam eine Nachricht bei WhatsApp von Salva. Seither haben wir auch wieder Kontakt ohne das damalige Thema nochmal aufzurollen und haben uns auch mal wieder bei einer Show gesehen. Ich glaube aktuell ist es nicht die Freundschaft, die es damals war, wir verstehen uns auf dem Level „Kumpel" aber gut! Ich bin mir aber sicher das dies irgendwann wieder werden kann. Im Endeffekt schreibe ich viel zu viel und man könnte es auch kurzfassen das ich wirklich sehr viel Respekt vor dem habe, was Salva für andere Menschen tut und auch was er selber aushalten musste, ohne dabei in die Knie zu gehen. Ich hoffe einfach das ich ihm hier hin und wieder eine Stütze sein konnte und etwas zurückgeben konnte bei dem was er für mich und viele andere gemacht hat.

Ich denke alles in allem kann man sagen, dass wir die Meinungsverschiedenheit hatten während wir beide in einer Emotional schwierigen Situation in unserem Leben waren. Was man danach daraus liegt an einem selbst.

Mirko „ Yugo" Panic (Wrestler): Hab Salva im März 2019 bei einer Show in Österreich das erste Mal kennengelernt. Da hat er mich gefragt, wie er mich für meinen Kampf ansagen soll. Er ist ein guter Brudi, gibt jedem Tipps und Ratschläge, den er gerne hat. Er versucht so gut wie möglich zu helfen, will gern so sein wie der Yugo ;-) aber er weiß noch nicht, warum? Weil er der Italiener ist :-D

Jana Momo: Ich durfte Salva kennenlernen, als ich den Ellenbogenschoner von Absolute Andy in einer seinen Auktionen ersteigerte. Er war so lieb und kam extra nach Oberhausen zu einer wXw-Show in die Turbinenhalle. Schon im Vorfeld haben wir uns sehr gut verstanden und über eine Social Media Plattform Kontakt gehalten. An dem Abend überreichte er mir den Schoner und wir kamen ins Gespräch. Wir lagen auf einer Wellenlänge. Ich erzählte ihm ein Wenig über mich und die fixe Idee für dieses Buch entstand. Aus diesem Gedanken wurde der feste Vorsatz, es in die Tat umzusetzen und wie ihr sehen könnt, ist es auch so weit gekommen. Ich bin dankbar dafür, dass sich zwischen Salva und mir eine gute Freundschaft entwickelt hat. Er ist ein herzensguter Mensch, aufopferungsvoll und großherzig.

Mein kleiner Italiener: Es ist schön, dass du meine Leben mit deiner Freundschaft begleitest und ich freue mich, wenn sie Bestand hat :-D

Tatiana Moyse wurde in Köln geboren, lebt aber schon seit vielen Jahren im besinnlichen Ostbelgien. Seit frühester Kindheit begleitet sie die Leidenschaft zum professionellen Wrestling-Sport. Mit ihrem Erstling verbindet sie nun ihre Hobbys.

Danke

Wer nun dachte, dass dieses Buch nur ein traurig Geschichten beinhaltet, wird sicher überrascht gewesen sein. Mit Hilfe von Tatiana habe ich einfach mein Leben auf Band gebracht und dann entstand dieses Buch. Es sollte kein trauriges Buch werden. Es sollte ganz einfach die Geschichte eines Vaters erzählen, der durch Höhen und Tiefem gegangen ist.

Bei so vielen Geschichten, bleibt es leider nicht aus, dass manche Menschen unerwähnt bleiben, bitte verzeiht, wenn ihr euch nicht findet. Dies geschah nicht wissentlich. Auch gilt mein Verständnis all denen, die nicht genannt werden wollten.

Mein Danke geht an all die treuen Wegbegleiter, verzeiht wenn ich euch nicht einzeln aufzähle, ihr wisst ihr seit gemeint. Danke, dass ihr ein Teil meines Lebens seit.

Raise your voice, Salva